SEO搜索引擎优化

基础理论＋案例解析＋任务实训

INTERNET **微课版** MARKETING

张兴发 李倩／主编

高飞 王玉红 刘玉花／副主编

人民邮电出版社
北京

图书在版编目（CIP）数据

SEO搜索引擎优化：微课版：基础理论+案例解析+任务实训 / 张兴发，李倩主编. -- 北京：人民邮电出版社，2023.9
网络营销与直播电商新形态系列教材
ISBN 978-7-115-61431-5

Ⅰ. ①S… Ⅱ. ①张… ②李… Ⅲ. ①搜索引擎—系统最优化—教材 Ⅳ. ①G254.928

中国国家版本馆CIP数据核字(2023)第048508号

内 容 提 要

本书系统地介绍了 SEO 与 SEM 的基础知识及实用技能。全书共 10 章，包括绪论、搜索引擎、网站建设与 SEO、网站关键词的选择与优化、网站页面与结构优化、网站链接与 WAP 站点优化、SEO 效果监测与 SEO 作弊及惩戒、SEM 竞价账户搭建与推广、SEM 竞价广告设置与分析优化、SEO/SEM 综合案例实战等内容。本书不仅注重 SEO 与 SEM 基础知识的系统性和全面性，而且将理论与实训相结合，着重强化读者对知识的理解，提升其对 SEO 与 SEM 的实践操作能力。

本书可作为高等院校电子商务、市场营销、网络与新媒体等专业相关课程的教材，也可作为从事网络营销、互联网产品运营、电子商务、新闻传媒等行业相关从业人员的参考书。

◆ 主　编　张兴发　李倩
　　副主编　高飞　王玉红　刘玉花
　　责任编辑　孙燕燕
　　责任印制　李东　胡南

◆ 人民邮电出版社出版发行　　北京市丰台区成寿寺路 11 号
　　邮编　100164　　电子邮件　315@ptpress.com.cn
　　网址　https://www.ptpress.com.cn
　　固安县铭成印刷有限公司印刷

◆ 开本：700×1000　1/16
　　印张：11.75　　　　　　　　　2023 年 9 月第 1 版
　　字数：210 千字　　　　　　　2025 年 6 月河北第 4 次印刷

定价：49.80 元

读者服务热线：(010)81055256　印装质量热线：(010)81055316
反盗版热线：(010)81055315

前　言
PREFACE

随着我国互联网技术的快速发展，越来越多的企业开始依托互联网进行营销活动，网络营销逐渐成为一种新兴的营销方式。搜索引擎是网络营销的一种重要工具，企业可以通过搜索引擎进行精细化的产品运营与产品营销。为了有效提高搜索引擎的运营效率、优化营销效果，SEO（Search Engine Optimization，搜索引擎优化）与SEM（Search Engine Marketing，搜索引擎营销）应运而生。企业可以充分发挥SEO与SEM的优势，搭建用户满意度高的网站，建立用户的品牌认知和长期有效的流量来源，降低企业的网络推广成本。SEO与SEM基础知识与实用技能的掌握也成为近年来高等院校的人才培养目标。

基于对众多院校教学大纲、教学内容等的充分调研，编者针对性地设计并编写了本书。本书的特色如下。

（1）**内容新颖，注重实际应用**。本书紧跟时代潮流，涵盖SEO与SEM各个方面的基础知识及实用技能，并充分考虑相关课程要求与教学特点，以实用为准则，重点讲解行之有效的SEO与SEM策略，着重培养读者的SEO/SEM实战应用能力。

（2）**体例丰富，层次分明**。本书各章（第10章除外）除设置基本的学习目标和技能目标，还设置"案例解析"和"拓展阅读"模块，帮助读者快速掌握每章学习内容的实际应用，并通过案例讲解，激发读者的学习兴趣，引导读者深入思考，真正达到学以致用；在各章结尾（第10章除外），还设置"思考与练习"和"任务实训"模块，帮助读者巩固所学知识，提高实操能力。

（3）**贯彻立德树人理念，落实素养教学**。本书全面落实党的二十大精神，着力推进素养教学，从德、智、体、美、劳多方面培养读者的综合素养。每章设置有"素养课堂"模块，读者扫描二维码即可查看。

（4）**资源丰富，立体教学**。为方便教学，编者为使用本书的教师提供丰富的教学资源，精心制作教学大纲、电子教案、PPT课件、习题答案、题库及试卷系统等教学资源，其内容及数量如表1所示。用书教师可登录人邮教育社区（www.ryjiaoyu.com）下载相关教学资源。

表1　教学资源及数量

编号	教学资源名称	数量
1	教学大纲	1份
2	电子教案	1份

编号	教学资源名称	数量
3	PPT课件	10份
4	习题答案	10份
5	题库及试卷系统	1套

为了帮助读者更好地学习本书，编者精心录制了配套的教学视频。书中的实操部分都添加了二维码，读者扫描书中二维码即可观看微课，微课视频的名称如表2所示。

表2　微课视频名称

章节	微课视频名称	章节	微课视频名称
1.1	SEO概述	4.1	网站关键词概述
1.2	SEM概述	4.2	网站关键词的选择优化
1.3	辨析SEO与SEM	4.3	网站关键词的布局优化
2.1.1	搜索引擎的定义	4.4	网站关键词的流量预估和价值分析
2.1.3	搜索引擎的发展史	5.1	网站标题的优化
2.1.4	常见搜索引擎介绍	5.2.1	网站内容建设的原则
2.2.1	抓取网页	5.2.2	网站内容的制作
2.2.2	预处理网页	5.2.3	网站内容的更新
2.2.3	提供检索服务	5.3.1	网页标题优化
2.3	搜索引擎的使用技巧	5.3.1	网页描述优化
3.1	选择适合SEO的域名	5.3.1	网页关键词优化
3.2.1	网站空间服务商的选择	5.3.2	Heading标签优化
3.2.2	网站空间类型的选择	5.3.3	图片alt属性的优化
3.2.3	网站空间功能的要求	5.4.1	网站结构优化的目的
3.2.4	网站空间的购买	5.4.2	网站结构优化的类型
3.3.1	内容管理系统	5.4.3	搜索引擎友好的网站设计
3.3.2	电子商务系统	5.4.4	蜘蛛陷阱的种类

章节	微课视频名称	章节	微课视频名称
6.1	网站链接的分类	7.4.3	搜索引擎惩戒
6.2.1	网站导航的合理布局	8.1.1	SEM竞价推广概述
6.2.2	各级分类权重的合理分配	8.1.2	竞价推广的营销思维
6.2.3	内部锚文本的合理引导	8.1.3	竞价推广的基本流程
6.2.4	Nofollow的合理使用	8.2.1	快速开通推广账户
6.2.5	网站地图Sitemap的合理更新	8.2.2	认识账户结构
6.3	网站外部链接优化	8.2.3	竞价账户搭建
6.4	添加友情链接	8.3	推广账户常用工具
6.5.1	搜索引擎友好的手机站	9.1.1	关键词的选择策略
6.5.2	WAP网站如何优化	9.1.2	关键词的添加方法
7.1	SEO综合查询工具	9.1.3	关键词的匹配模式
7.2.1	网站流量分析指标	9.1.4	否定关键词的设置
7.2.2	网站流量趋势分析	9.2	竞价广告词的创意设置
7.2.3	网站流量来源分析	9.3	账户数据分析与优化
7.2.4	网站页面访问分析	10.1	电子商务网站SEO
7.2.5	网站页面转化分析	10.2	计算机培训行业SEM分析
7.2.6	网站访客分析	10.3.2	社交平台广告的开户
7.3	网站非流量数据分析	10.3.3	社交平台广告的投放
7.4.2	SEO常见的作弊方法		

教师将本书作为教材使用时，在课堂教学方面建议安排40学时。各章主要内容和学时安排如表3所示，教师可根据实际情况进行调整。

表3 主要内容及学时安排

章节	主要内容	课堂学时
第1章	绪论	3
第2章	搜索引擎	5
第3章	网站建设与SEO	4
第4章	网站关键词的选择与优化	4

章节	主要内容	课堂学时
第5章	网站页面与结构优化	5
第6章	网站链接与WAP站点优化	4
第7章	SEO效果监测与SEO作弊及惩戒	5
第8章	SEM竞价账户搭建与推广	4
第9章	SEM竞价广告设置与分析优化	4
第10章	SEO/SEM综合案例实战	2
学时总计		40

　　本书由张兴发、李倩担任主编，高飞、王玉红、刘玉花担任副主编。尽管编者在本书的编写过程中力求精益求精，但由于水平有限，书中难免存在不妥之处，恳请广大读者批评指正。

编者
2023年5月

目　录
CONTENTS

第1章

绪论

学习目标

√ 了解什么是SEO，其作用是什么，常用术语有哪些。
√ 了解什么是SEM，其作用是什么，常用术语有哪些。
√ 理解SEO与SEM的区别与联系。

素养课堂

技能目标

√ 可以通过关键词在搜索引擎中进行搜索。
√ 能够区分搜索结果中哪些是SEO的结果，哪些是SEM的结果。

1.1 SEO概述

我国互联网近些年快速发展，据统计，截至2022年12月，我国网民规模达10.67亿，较2021年12月增长3549万，互联网普及率达75.6%。在网络基础资源方面，截至2022年12月，我国域名总数达3440万个，IPv6地址数量达67369块/32，较2021年12月增长6.8%；我国IPv6活跃用户数达7.28亿。在物联网发展方面，截至2022年12月，

扫码看视频

我国移动网络的终端连接总数已达35.28亿户，移动物联网连接数达到18.45亿户，万物互联基础不断夯实。而搜索引擎作为互联网的主要流量入口，搜索引擎用户规模也是一直呈持续增长态势，而SEO作为一种典型的技术，在其中起着至关重要的作用。

1.1.1 SEO的定义

SEO是Search Engine Optimization的英文缩写，其中文名称为搜索引擎优化。

SEO是在了解搜索引擎自然排名机制的基础上，通过对网站进行内部及外部的调整、优化，来提高网站在搜索引擎内的自然排名，从而获得更多流量，达成网站销售及品牌建设目的的技术。

在日常的工作、生活中，我们经常会使用搜索引擎来搜索一些信息。例如，在百度中搜索"人民邮电出版社"，搜索结果如图1-1所示。

从图1-1中可以看到，搜索结果页中会显示与"人民邮电出版社"相关的一些信息，用户可以通过查看这些信息快速地了解"人民邮电出版社"。

SEO的目的就是要不断完善和丰富网站的内容，让更多的网站链接指向自己的网站，在这样不断调整和优化的良性循环中使自己的网站达到最优的状态；SEO从业者还需要不断了解搜索引擎的喜好，并根据搜索引擎的排名权重影响因素对网站进行调整与优化，并且要避免触碰搜索引擎的底线。只有真正运用好SEO，才能得到搜索引擎的巨大回报。

图1-1 "人民邮电出版社"的搜索结果

1.1.2 SEO的作用

SEO的主要作用是提高网站的流量、提升目标用户的精准性、提高网站的关键词排名，从而提高企业知名度。

1. 提高网站的流量

通过SEO进行网络优化，网站在搜索引擎内的自然排名就会提高，进而网站流量随之提高。网站的流量情况可以通过站长工具或者爱站网进行查询，如图1-2和图1-3所示。

图1-2 站长工具的流量情况查询

图1-3 爱站网的流量情况查询

网站流量提高，有利于网站商业价值的提升。例如，如果某个网站流量很高，就可以在该网站中出售广告位、销售产品或者服务等，进而实现商业收益。

2. 提升目标用户的精准性

在进行网站优化时，如果网站优化到位，在产品/服务、介绍、联系方式等各方面都能满足用户的需求，网站用户体验的满足感就会提升。

另外，在网站的后台，SEO人员可以对目标用户的访问数据进行数据分析，再对网站进行相应的优化，这样更容易提升目标用户的精准性。

3. 提高网站的关键词排名和提高企业知名度

SEO可以通过提高网站的关键词排名，为网站带来流量，有助于建立企业品牌和提高企业知名度。

利用SEO手段优化网站时，首先要优化关键词。因为当用户有需求时，通常搜索的是关键词，关键词是多数用户搜索的直接目标。

SEO可以为网站带来流量，这种流量一般是暂时性的，但如果利用短暂的流量，让更多人知道并了解网站，那对于企业来说，就有机会建立品牌，提高知名度。

1.1.3 SEO的常用术语

在开展SEO工作之前，我们首先需要了解一下SEO常用的一些专业术语，这样能帮助我们更好地去理解SEO的一些要点。

1. 静态页面

静态页面的格式一般为.htm或者.html，静态页面没有后台和数据库，制作相对简单，但是修改比较麻烦，这样的页面一般更新较少，或者仅用于展示类的单页面。

2. 动态页面

动态页面是根据网站的网址来确定的。如果发现某网址当中带有"?"，那么我们基本上可以判定这个网址是一个动态网址，它对应的页面则为动态页面。

3. 伪静态页面

伪静态其实就是将动态页面改为静态页面显示的一个技术过程。由于搜索引擎在发展前期并不能很好地抓取动态页面，所以需要将动态页面改为静态页面显示，伪静态页面因此产生。

伪静态页面和静态页面都以.htm或者.html格式显示，但是静态页面在浏览器中是可以检索到的，而伪静态页面在浏览器中是无法检索到的。

4. 白帽SEO

白帽SEO是通过正常的手段对网站内部（包括网站标题、网站结构、网站代码、网站内容、关键词密度等）调整、网站外部的链接建设，来提高网站关键词在搜索引擎中的排名的一种SEO技术。白帽SEO通过一种相对公平的优化手法，在符合搜索引擎优化要求的基础上对网站进行适当调整，是一种较好的网站优化技术。它是在避免风险的情况下进行操作的，同时也避免了与搜索引擎发行方发生冲突。

白帽SEO关注的是长远利益，使用白帽SEO将网站排名优化提高后，排名会相对稳定。从长远看，建议大家还是通过白帽SEO进行网站优化。

5. 黑帽SEO

黑帽SEO是一种为了获取短期利益而采用的作弊方法。其主要的特点就是"短、平、快"，但是一旦被搜索引擎发现，会使网站受到毁灭性的打击。黑帽SEO不同于白帽SEO，黑帽SEO更注重短期利益，在利益的驱使下采用一些搜索引擎禁止的方式优化网站，短期内获得很大的利益，这样自然会影响搜索引擎对网站排名的合理性和公正性，因此随时会让网站受到搜索引擎的惩罚。

6. 灰帽SEO

灰帽SEO介于白帽SEO和黑帽SEO之间，利用一些搜索引擎没有公布允许或者不允许的规则来提高网站排名。相对于白帽SEO而言，灰帽SEO会采取一些取巧的方式来操作，如对于文章的伪原创，这些行为不算违反规则，但属于不遵守规则，不建议大家采用。

灰帽SEO既要考虑长期的利益，也要考虑收益问题，双管齐下。这是灰帽SEO的一个技术难点，很难把握，因此，灰帽SEO是把"双刃剑"，应用得好，既可以给整个网站带来短期的效益，还会保持利益的持续性，反之亦然。

7. 网络爬虫

网络爬虫也被称为蜘蛛程序或者机器人，是搜索引擎发布的一种自动抓取互联网信息的脚本或者程序。网站必须吸引蜘蛛程序来抓取，只有在蜘蛛程序抓取了网站，并将其放到了搜索引擎的服务器中后，用户才有可能通过搜索引擎发现网站。

8. 排名算法

排名算法是搜索引擎用来对其索引中的列表进行评估和排名的规则，可以决定哪些结果是与特定查询相关的。网站的内容原创、为图片添加alt属性等都是排名算法的影响因素。如果需要提高某个网站或者关键词在搜索引擎中的排名，搜索引擎优化人员需要熟悉其算法，不可盲目优化。

1.2 SEM概述

　　SEM是Search Engine Marketing的缩写，其中文名称为搜索引擎营销。SEM的基本思想是让用户发现信息，并通过搜索引擎点击进入网站/网页，进一步了解他们所需要的信息。SEM的目的是让信息在搜索结果中排名靠前，也就是说，以最小的投入在搜索引擎中获得最大的访问量并产生商业价值。

扫码看视频

1.2.1　SEM的定义

　　SEM就是基于搜索引擎平台的网络营销，利用用户对搜索引擎的依赖和使用习惯，在用户搜索信息的时候将信息传递给目标用户。企业可以通过搜索引擎付费推广，让用户直接与企业客服进行交流，了解企业的产品或服务，从而实现交易。SEM追求的是高性价比，以较小的投入获取搜索引擎的较大访问量，并产生商业价值。

　　我们常说的SEM，一般是指百度SEM竞价广告，就是广告主通过目标搜索关键词的购买以及竞价排名，从而获得更多的曝光量，简单来说，就是直接通过付费广告手段来获取搜索流量。其本质是帮助广告主实现关键词靠前，或者理解成广告主购买关键词，用户通过关键词搜索找到与之相匹配的广告。重要的是，SEM这种方式带来的搜索流量精准度非常高，因为用户只有在有需求的前提下才去搜索，而搜索后广告信息才显示。

　　例如，我们在百度中搜索关键词"欧式沙发"，可以看到搜索结果的前几条都会显示"广告"字样，这些都是百度SEM竞价广告，如图1-4所示。

图1-4 "欧式沙发"的搜索结果

1.2.2　SEM的作用

　　SEM的主要作用是获取更加精准的搜索流量，从而为企业网站带来更多的商业机会，除此之外，还可以增加网站曝光度、带来更多点击和关注、提升品牌知名度、树立行业权威性等。

　　SEO所做的就是以较小的投入在搜索引擎中获得较大的访问量并产生商业价值，例如，百度竞价就是一种常见的SEM，企业通过关键词、目标人群、地域等多种定向方式进行判断分析，投入较少的资金购买到排名较前的位置，这样带来的点击才算是真正的"有效点击"，才能达到利益最大化。由于目标用户分布地域较广，企业若要占领市场，快速获得流量，开始盈利或者拓展盈利方式，前期需投入资金去铺设渠道进行营销推广。

1
Chapter

1.2.3 SEM的常用术语

要想做好SEM的工作，也需要了解一些常用的SEM专业术语。

1. 推广计划

SEM推广账户结构是由账户、推广计划、推广单元和关键词/创意4个层级构成的。推广计划是推广账户结构中最高的层级设置，通过推广计划，我们可以根据产品的特性或个人习惯等更好地管理推广项目。良好的推广计划是SEM优化的重要部分。

2. 推广单元

推广单元是推广计划下的推广管理单位，包括多个创意和多个关键词。推广单元的状态分为有效推广和暂停推广两种。

有效推广表示推广单元当前可以推广；暂停推广表示推广单元设置了暂停，此时推广单元内的关键词和创意不会在搜索结果中展现。

3. 创意

创意是指用户搜索触发企业的推广结果时，展现在用户面前的推广信息，包括一行标题、两行描述，以及访问URL和显示URL。

标题显示在创意的第一行，以带下画线的蓝色超链接形式展现；描述显示在创意的第二行至第三行，以普通字体展现；访问URL是点击推广结果实际访问的URL地址；显示URL是在推广结果中的URL地址，显示URL的设置不会影响用户对实际链接网址的访问。

4. 关键词

关键词是推广企业所购买的一系列与自身产品或服务相关的词。当用户用它来搜索相关信息时，搜索引擎就会匹配到相关的推广信息并展现在搜索结果页上。

5. 关键词嵌入

关键词嵌入是指在创意中直接嵌入关键词或者通过使用通配符嵌入关键词。被嵌入创意的关键词将在推广页面显示，可提高客户对创意的关注度和点击率。通过关键词嵌入功能，工作人员可以将触发广告的关键词放入广告文案（并且进行加粗或飘红），从而吸引更多人的注意，获得更好的点击率。

6. 否定关键词

否定关键词可以用来屏蔽用户搜索词对创意的展现。否定关键词与关键词匹配方式中的广泛匹配、短语匹配组合使用，可以对创意的展现进行限制，过滤无效点击，从而对流量进行精细化管理，提高关键词的精准度，降低成本，提高投资回报率。

例如，某培训公司主要开设"Excel培训"课程，如果其关键词的词库里有"培训"这个词，那么当用户搜索"直播培训"时，搜索引擎就会展现Excel培训的推广结果。此时，相关人员可以把"培训"添加到否定关键词词库中，这样用户搜"直播培训"或"培训"时就看不到Excel培训的推广结果了，而搜"Excel培训"时才可以看到Excel培训的推广结果。

7. 展现量

展现量是指在一个统计周期内（可以是一天、一周、一个月等），推广信息被展现在搜索结果页中的次数。

8. 点击量

点击量是指在一个统计周期内，用户点击推广信息的网址超链接的次数，可以用来衡量推广信息曝光的程度。

9. 点击率

点击率是指在一个统计周期内，推广信息平均每次展现被点击的比率。其计算公式如下：

$$点击率=（点击量/展现量）×100\%$$

点击率可以用来衡量推广信息与用户意图的相关性和推广信息的吸引力。在正常情况下，用户之所以会点击推广信息，是因为对所推广的内容有需求或者被推广信息的创意所吸引。

10. 转化

转化是指潜在客户完成一次推广企业期望的行为。例如，①在网站上停留了一定的时间；②浏览了网站上的特定页面，如注册页面，"联系我们"页面等；③在网站上注册了账号或提交了订单；④通过网站留言或网站在线即时通信工具进行了咨询；⑤通过电话进行了咨询；⑥上门访问、咨询、洽谈；⑦实际付款、成交。

11. 转化次数

转化次数，又称为转化页面到达次数，是指独立访客到达转化目标页面的次数。

12. 转化率

转化率是指在一个统计周期内，完成转化行为的次数占推广信息总点击量的比率。其计算公式如下：

$$转化率=（转化次数/点击量）×100\%$$

例如，100名用户看到某个搜索推广的广告，其中70名用户点击了这一推广广告并被跳转到目标URL，之后，其中28名用户有了后续转化的行为。那么，这条推广广告的转化率就是（28/70）×100%=40%。

13. 转化成本

转化成本是指每次转化所消耗的推广费用，是大多数推广人员的考核指标。其计算公式如下：

$$转化成本=（推广费用/转化次数）×100\%$$

14. 投资回报率

投资回报率是指通过投资而应返回的价值，即企业从一项投资活动中得到的经济回报，可以作为SEM的最终考核指标。其计算公式如下：

$$投资回报率=（利润/投资总额）×100\%$$

1.3 辨析SEO与SEM

SEO是SEM的一部分，在SEM中，除了SEO和竞价排名之外，还有关键词广告、PPC来电付费等方式。

扫码看视频

1.3.1 SEO与SEM的异同

SEO和SEM各有优点和缺点，企业可以根据自己的产品或服务的属性和实际需求来选择。下面就简单介绍一下两者的共同点和不同点。

1. SEO与SEM的共同点

SEO与SEM的目标都是一致的，如图1-5所示，只是二者的过程和手段有所不同。

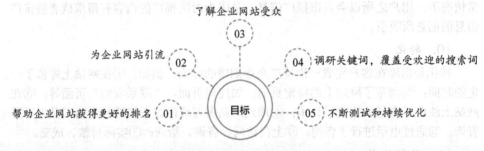

了解企业网站受众
03
为企业网站引流 02
04 调研关键词，覆盖受欢迎的搜索词
帮助企业网站获得更好的排名 01 目标 05 不断测试和持续优化

图1-5 SEO与SEM的目标

2. SEO与SEM的不同点

SEO与SEM的不同点可以从定向准确性、见效速度和推广稳定性3个维度进行分析，如表1-1所示。

表1-1 SEO与SEM的不同点

维度	SEO	SEM
定向准确性	无法定向，对于地域、性别、年龄等属性限制无法控制，但也并不代表流量不精准，只要布局合适的关键词，流量精准度一样很高	随意定向，可以指定地域、时间、学历等人群进行针对性推广
见效速度	见效速度慢，网站排名排到首页需要的时间较长；如果优化技术一般，通常需要3～6个月时间；如果优化技术较好，通常需要1～3个月；如果是使用优化快排可能需要1周，但是有一定风险	见效速度快，通常需要网站投入预算，广告上线可以使网站快速地排到搜索引擎首页，而且还可以通过出价的情况来决定网站在搜索引擎中的排名
推广稳定性	稳定性好，只要不是快排方式以及算法调整，通常内容优质、技术过硬，排名在长时间内都会比较稳定，可以维持几个月甚至更长时间	稳定性差，如果预算充足并且推广方法得当，就会相对稳定些，但是一旦别人出价更高，排名就会相应降低

【案例解析】关键词"沙发"的 SEO 和 SEM 的显示效果

SEO和SEM的显示效果最大的不同，就是SEM的创意后面带有"广告"字样，如图1-6和图1-7所示。

图1-6　SEM的显示效果　　　　图1-7　SEO的显示效果

1.3.2　SEO与SEM的联系

SEO与SEM虽然存在一定的区别，但是两者的目标相同，都是为了网站销售和品牌建设，两者相辅相成、相互补充。企业综合应用SEO和SEM，才能获得更好的商业价值。

在电子商务运营中，SEM的投放，通常还需要SEO的内容做支撑，如企业通过竞价投放了某个品牌广告，然后目标客户在广告中看到该品牌后，会通过搜索对该品牌进行进一步的考察了解，企业投放的广告关键词中的部分长尾关键词，没有付费的必要性，那么这些工作就可以依靠SEO完成。

拓展阅读：SEO 的应用领域

SEO因其特点与优势，常被应用于企业网站、电子商务型网站和内容资讯型网站。

（1）企业网站

企业网站经过SEO，可以大大增加企业向目标客户展示产品或者服务的机会，从而提升企业的影响力，提高品牌的知名度。例如，对于某个做Excel培训的企业，如果用户在搜索"Excel培训"的时候，该企业网站能够出现在搜索引擎的首页，那么就可以得到更多用户的点击，进而获得更多的目标客户，为企业带来利益。

（2）电子商务型网站

电子商务型网站经过SEO，可以通过搜索引擎向更多的潜在消费者推销自身的产品或服务，从而节省巨额的广告费用，提高产品的销量。

（3）内容资讯型网站

内容资讯型网站经过SEO，可以大大提高网站的曝光度和流量，增加点击量，进而在同类网站中脱颖而出。

思考与练习

一、填空题

1. SEO的中文名称是＿＿＿＿＿＿，SEM的中文名称是＿＿＿＿＿＿。

2．SEO是在了解_____机制的基础上，通过对网站进行_____的调整、优化，来提高网站在搜索引擎内的自然排名，从而获得更多流量，达成网站销售及品牌建设目的的技术。

3．对于SEM而言，目的是_____，也就是说，以最小的投入在搜索引擎中获得最大的访问量并产生商业价值。

二、判断题

1．黑帽SEO是一种作弊手法，随时可能面临惩罚。（　　）

2．伪静态页面和静态页面都是以.htm或者.html格式显示的，但是静态页面在空间中是可以检索到的，而伪静态页面在空间中是无法检索到的。（　　）

3．灰帽SEO是通过"打擦边球"的方式获取排名的，这种行为是不会被惩罚的。（　　）

三、单项选择题

1．下列选项中，不属于SEO的作用的是（　　）。

   A．提高网站的流量　　　　　　　　B．提高目标客户的精准性

   C．快速提高转化率　　　　　　　　D．提高网站的关键词排名

2．下列选项中，属于SEO的缺点的是（　　）。

   A．成本高　　　　　　　　　　　　B．见效速度慢

   C．引流差　　　　　　　　　　　　D．稳定性差

3．下列选项中，关于SEO和SEM说法错误的是（　　）。

   A．SEO与SEM是互补的关系　　　B．SEO是SEM的一部分

   C．SEO与SEM的目标都是一致的　D．SEO和SEM之间没有任何关系

四、简答题

1．什么是SEO（搜索引擎优化）？

2．什么是SEM（搜索引擎营销）？

3．简述SEO（搜索引擎优化）与SEM（搜索引擎营销）的不同。

任务实训

实训目的
让读者清楚区分SEO和SEM

实训内容
在搜索引擎中查看关键词"口红"的SEO和SEM的搜索结果

实训步骤	
序号	内容
1	在搜索引擎搜索文本框中输入关键词"口红"
2	区分搜索结果中哪些是SEO的结果，哪些是SEM的结果

搜索引擎

 学习目标

√ 了解搜索引擎的定义和类型。

√ 了解搜索引擎的发展史。

√ 掌握常见搜索引擎的特点。

素养课堂

技能目标

√ 能够区分搜索引擎的页面抓取方式。

√ 能够使用不同的搜索引擎和方式根据关键词进行搜索。

2.1 认识搜索引擎

互联网就像浩瀚的海洋一般，里面的信息多如牛毛，搜索引擎就是一种可以帮助用户从互联网中搜索其需要的信息，并对信息进行整理、排序后，再提供给用户的系统，本节就来详细了解一下搜索引擎的相关知识，如搜索引擎的定义、类型、发展史等。

2.1.1 搜索引擎的定义

搜索引擎是指根据一定的策略，运用特定的计算机程序从互联网上搜集信息，再对信息进行组织和处理后，为用户提供检索服务，并将用户检索的相关信息展示给用户的系统。

通俗点说，搜索引擎就是通过收集并整理互联网上网页中的关键词，并对关键词进行索引，进而建立索引库的系统。当用户搜索某个关键词时，

扫码看视频

所有页面内容中包含关键词的网页都会被作为搜索结果展现出来。

例如，在百度搜索文本框中输入关键词"智能家居"，并单击【百度一下】按钮后，出现的搜索结果页面中提示"百度为您找到相关结果约100,000,000个"，并显示具体搜索结果，如图2-1所示。

图2-1 "智能家居"的搜索结果

2.1.2 搜索引擎的类型

SEO人员想要提升企业网站的搜索效率，首先需要了解搜索引擎的类型，然后根据企业网站的属性来优化网站。常见的搜索引擎类型包括全文搜索引擎、目录搜索引擎、元搜索引擎和垂直搜索引擎等，下面分别介绍这几种搜索引擎。

1. 全文搜索引擎

全文搜索引擎是目前应用较广泛的主流搜索引擎，它的工作原理是，利用计算机的索引程序扫描网页中的每一个字/词，对每一个字/词建立一个索引，指明该字/词在文章中出现的次数和位置，建立索引库。当用户查询时，索引程序就根据搜索条件从事先建立的索引库中进行查找，并将查找的结果反馈给用户。国内具有代表性的全文搜索引擎是百度。

2. 目录搜索引擎

目录搜索引擎是以人工方式或半自动方式搜集信息，在以人工方式查看信息之后，形成信息摘要，并将信息摘要置于事先确定的分类框架中。这些信息摘要大多面向网站，提供目录浏览服务和直接检索服务。

目录搜索引擎虽然有搜索功能，但严格意义上来说不算真正的搜索引擎，是按目录分类的网站链接列表而已。用户完全可以按照分类目录找到所需要的信息。该类搜索引擎的优点是信息准确、导航质量高，缺点是需要人工介入、维护量大、信息量少、信息更新不及时。

3. 元搜索引擎

元搜索引擎是通过一个统一的用户页面帮助用户在多个搜索引擎中选择和利用一个或多个合适的搜索引擎来实现检索操作，是对分布于网络的多种检索工具的全局控制机制。其工作原理如图2-2所示。

一个真正的元搜索引擎由3个部分组成，即检索请求提交机制、检索接口代理机制和检索结果显示机制。

· 检索请求提交机制：负责实现用户"个性化"的检索设置要求，包括调用哪些搜索引擎、检索时间限制、结果数量限制等。

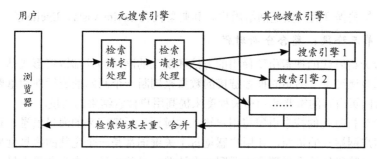

用户　　　　　　元搜索引擎　　　　　　其他搜索引擎

图2-2　元搜索引擎工作原理

- 检索接口代理机制：负责将用户的检索请求"翻译"成能满足不同搜索引擎"本地化"要求的格式。
- 检索结果显示机制：负责元搜索引擎检索结果的去重、合并、输出处理等。

4. 垂直搜索引擎

垂直搜索引擎是针对某一个垂直领域的专业搜索引擎，是搜索引擎的细分和延伸。它对网页库中的某类专门的信息进行一次整合，定向分字段抽取出需要的数据，将数据处理后再以某种形式返回给用户。垂直搜索引擎是针对全文搜索引擎的信息量大、查询不准确、深度不够等痛点而开发出来的新的搜索引擎服务模式，针对某一特定领域、某一特定人群或某一特定需求提供有一定价值的信息和相关服务。其特点就是"专、精、深"，且具有行业色彩，相比较全文搜索引擎的海量信息无序化，垂直搜索引擎则显得更加专注、具体和深入。

2.1.3　搜索引擎的发展史

随着互联网的迅速发展，能够接触到互联网的人越来越多。为了方便广大网络用户查询互联网上的一些信息，搜索引擎应运而生，用户只需在搜索文本框中输入需要查找的内容，按下回车键，就可以查到多个结果。

扫码看视频

随着网络技术的不断进步，搜索引擎也在不断地发展和进步。迄今为止，搜索引擎的发展经历了5个阶段，下面就来探究一下搜索引擎的发展史。

1. 第一阶段：分类目录时代

分类目录时代的搜索引擎会收集站名、网址、内容提要等信息，并将它们分门别类地编排到一个网站中，即导航网站或分类目录网站。用户可在该网站中逐级浏览并寻找相关的网站。其典型代表如搜狐目录、hao123等。

2. 第二阶段：文本检索时代

文本检索时代的搜索引擎将用户输入的查询信息提交给服务器，然后由服务器进行查阅，并将查阅到的信息以相关程度较高的信息清单的形式返回用户。

这个阶段的搜索引擎的信息检索模型主要包括布尔模型、概率模型或者向量空间模型。搜索引擎通过这些模型来计算用户输入的查询信息与网页内容相关程度的高低，若相关程度高，则返回给用户。其典型代表如Alta Vista、Excite等。

3. 第三阶段：整合分析时代

整合分析时代的搜索引擎使用的方法和现在的网站的外部链接形式基本相同，搜索引擎会通过每个网站的推荐链接的数量来判断一个网站的流行性和重要性，然后再结合网页内容的重要性和相关程度来提高用户搜索结果的质量。

整合分析时代的搜索引擎将用户输入关键词后反馈回来的海量信息，智能整合成一个门户网站式的页面，让用户感觉每个关键词都是一个完整的信息世界。而不是像上一个阶段的搜索引擎那样返回一个清单，且整个清单中夹杂着大量用户不关心且没有分类的链接。这个阶段的搜索引擎的典型特征就是智慧整合上一阶段搜索引擎返回的信息为立体的页面，让用户能轻易地进入最相关的分类区域去获取信息。其典型代码如Google，它是较早使用整合分析的搜索引擎，这在当时引起了学术界和其他商业搜索引擎公司的关注。

4. 第四阶段：用户中心时代

用户中心时代的搜索引擎主要是精准到用户的个性化需求，其最大的特点是提供精准到个人的搜索，也就是说以用户为中心。

当用户输入查询请求的时候，对于同一个查询关键词，不同用户可能有不同的查询要求。例如，同样在搜索引擎中输入关键词"苹果"，想要购买iPhone的用户和想要购买水果的用户，他们的需求一定是截然不同的。甚至同一个用户，在不同时间、不同场合的需求也可能是不同的。想要通过用户所输入的一个简短的关键词来判断用户的真正查询请求，就需要真正了解用户，可通过用户在搜索时的大量特征，如上网的时间习惯、操作习惯、内容归类等去了解用户的特征信息，这样才能为用户提供更精确的搜索结果。其典型代表如亚马逊、淘宝等。

5. 第五阶段：生活生态圈时代

生活生态圈时代的搜索引擎是基于物联网的搜索，拥有更广阔的搜索空间，实现了物物搜索，是网络与实体相结合的搜索引擎。

这一阶段的搜索引擎突破了原有网络与手机终端的局限，实现了两者的无缝链接和自由转换，用户可以在手机终端内置一些App，结合物联网的智能高科技技术，集成多种独创的应用，实现使用一个物体、一段音乐、一节影像就能搜索到对应的产品、音乐、影视或图片信息的功能。例如，远程看管小孩、老人，通过小孩电话手表的GPS定位搜寻走失的小孩，在一个陌生的地方找卫生间、酒店等。其典型代表如百度地图、QQ音乐等。

2.1.4 常见搜索引擎介绍

随着搜索引擎技术的不断成熟，搜索引擎的数量也在不断增加。目前，国内常见的搜索引擎主要有百度、360搜索、搜狗搜索和神马搜索等。

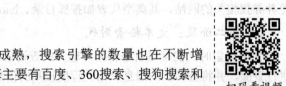

扫码看视频

2023年4月，中国搜索引擎市场份额占有率排名如图2-3所示。

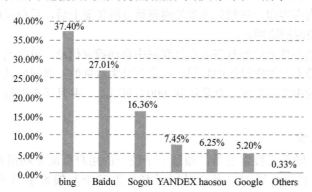

图2-3　2023年4月中国搜索引擎市场份额

2023年4月，全球市场份额占有率排名如图2-4所示。全球最大的搜索引擎是Google（谷歌），全球最大的中文搜索引擎是Baidu（百度）。

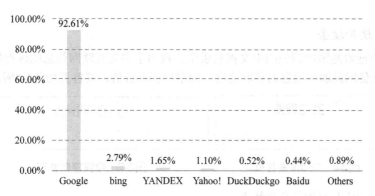

图2-4　2023年4月全球搜索引擎市场份额

1．百度

百度是全球最大的中文搜索引擎，其首页如图2-5所示。百度在2000年1月由李彦宏创立于北京中关村，致力于向人们提供"简单，可依赖"的信息获取方式。"百度"二字源于中国宋朝词人辛弃疾的《青玉案·元夕》中的"众里寻他千百度"，象征着百度对中文信息检索技术的执着追求，是目前国内知名的商业化全文搜索引擎。

图2-5　百度首页

百度由4个部分组成：蜘蛛程序、监控程序、索引数据库、检索程序。在百度网站将用户查询内容和一些相关参数传递到百度服务器上后，后台程序就会自动工作并将最终结果返回给网站。

百度使用的高性能蜘蛛程序能在互联网中自动搜索信息，可定制、高扩展性的调度算法使得搜索器能在极短的时间内收集到最大数量的互联网信息。百度拥有目前世界上最大的中文信息库，总量达到6000万页以上，并且还在以每天几十万页的速度快速增长。

2. 360搜索

360搜索，属于元搜索引擎，通过一个统一的用户页面帮助用户在多个搜索引擎中选择和利用合适的（甚至是同时利用若干个）搜索引擎来实现检索操作，是对分布于网络的多种检索工具的全局控制机制。360搜索首页如图2-6所示。

而360搜索+，属于全文搜索引擎，是奇虎360公司开发的基于机器学习技术的第三代搜索引擎，具备"自学习、自进化"能力，能发现用户最需要的搜索结果。

3. 搜狗搜索

搜狗搜索是国内领先的中文搜索引擎，致力于中文互联网信息的深度挖掘，帮助中国上亿网民加快信息的获取速度，为用户创造价值，其首页如图2-7所示。

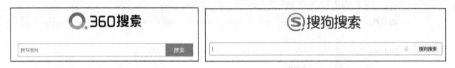

| 图2-6　360搜索首页 | 图2-7　搜狗搜索首页 |

搜狗搜索具有如下几个特点。

（1）作为全球首个百亿规模的中文搜索引擎，再创全球中文网页收录量新高。

（2）每日网页更新数量达5亿个，用户可直接通过网页搜索而非新闻搜索，获得新闻资讯。

（3）在导航型和信息型两种搜索结果中，分别以94%和67%的准确度领先业界。

4. 神马搜索

神马搜索是专注于移动互联网的搜索引擎，致力于移动搜索用户的刚需满足和痛点解决，为用户提供方便、快捷、开放的全新移动搜索新体验，其团队由来自微软、谷歌、百度、360等国内外IT公司的资深员工组成。

2.2 搜索引擎的基本工作原理

搜索引擎的基本工作原理包括如下4个方面，如图2-8所示。

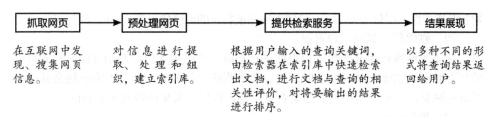

抓取网页	→	预处理网页	→	提供检索服务	→	结果展现

在互联网中发现、搜集网页信息。

对信息进行提取、处理和组织，建立索引库。

根据用户输入的查询关键词，由检索器在索引库中快速检索出文档，进行文档与查询的相关性评价，对将要输出的结果进行排序。

以多种不同的形式将查询结果返回给用户。

图2-8　搜索引擎的基本工作原理

2.2.1　抓取网页

扫码看视频

搜索引擎对网页的抓取过程实质上就是蜘蛛程序或机器人在整个互联网平台上进行信息采集和抓取的过程，这是搜索引擎最基本的工作。

1. 页面收录／抓取流程

在整个互联网中，URL是每个页面的入口地址，蜘蛛程序就是通过URL来抓取网站页面的。页面收录/抓取流程如图2-9所示。

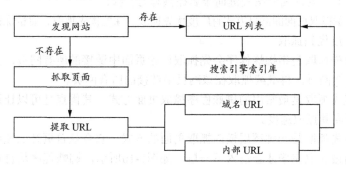

图2-9　页面收录／抓取流程

蜘蛛程序从原始URL列表出发，通过URL抓取页面，然后从该页面提取新的URL存储到原始 URL列表中（这个步骤会不断地重复，进而扩大原始URL资源库），最后将该原始页面存储到搜索引擎索引库中。

蜘蛛程序的执行步骤主要分为3步：蜘蛛程序发现网站，蜘蛛程序抓取入口页面，提取URL。

（1）蜘蛛程序发现网站

蜘蛛程序发现网站是指搜索引擎的蜘蛛发现网站，并进入网站。需要注意的是，网站首先要存在才能够被蜘蛛程序发现。那么如何让我们的网站被搜索引擎收录呢？通常有两种方法。

方法一：主动向搜索引擎提交URL。利用这种方法实现网站被收录的速度较慢，快则一周，慢则一月。

方法二：与其他网站建立链接关系，即"外部链接"，从而使搜索引擎能够通过外部网站发现我们的网站，实现网站被收录。这种方法主要看外部网站链接的质量、数量及相关性，相较于方法一，其实现网站被收录的速度快很多，一般一周左右。

（2）蜘蛛程序抓取入口页面

接下来蜘蛛程序开始对入口页面进行抓取，并存储入口的原始页面，包含页面的抓取时间、URL、最后修改时间等。蜘蛛程序存储原始页面是因为它还会回访已抓取的网页，便于下次比对页面是否有更新，以保证采集的资料是最新的。

（3）提取URL

提取URL包含两个方面的内容：提取域名URL和提取内部URL。

域名URL是指网站首页地址，内部URL则是指网站内部各页面的地址，蜘蛛程序所提取的URL会持续添加到URL列表中。

2. 页面抓取方式

在互联网这片浩瀚的信息海洋中，搜索引擎怎样才能保证快速、有效地抓取更多的相对重要的页面呢？要解答这个问题，我们就需要了解搜索引擎的页面抓取方式。了解搜索引擎的页面抓取方式，有利于我们建立对搜索引擎友好的网站结构，使蜘蛛程序能够在我们的网站上停留的时间更久，从而抓取更多的网站页面（即增加收录数量），为提高网站关键词排名提供有力支撑。

搜索引擎抓取页面的常见方式有广度优先抓取、深度优先抓取、质量优先抓取等。

（1）广度优先抓取

广度优先抓取是指蜘蛛程序会先抓取原始页面中链接的所有网页，然后选择其中的一个链接网页，再继续抓取在该网页中链接的所有网页。

广度优先抓取是最常用的蜘蛛程序抓取页面方式，其优点是可以让蜘蛛程序并行处理，提高其抓取速度。

广度优先抓取是一种逐层横向抓取页面的方式，它会从首页开始抓取页面，直至该层页面被抓取完毕才会进入下一层。如图2-10所示，蜘蛛程序从首页顺着链接爬行到A层页面，直到A层页面的所有链接都爬行完毕后，再从A层页面的链接爬行到B层页面，以此类推，直至最后一层页面。

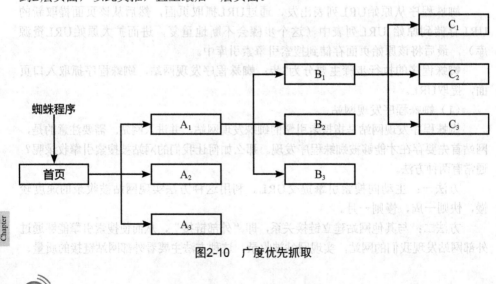

图2-10　广度优先抓取

（2）深度优先抓取

深度优先抓取是指蜘蛛程序会从原始页面开始，沿着发现的一个链接一直向前爬行下去，直到再也没有其他链接，然后再返回原始页面，沿着另一个链接继续爬行下去，如图2-11所示。蜘蛛程序从首页开始爬行，顺着一个链接进入第2个点，这里需要注意的是，访问次序并不是唯一的，第2个点既可以是A_1也可以是B_1或C_1，如果第2个点是A_1，那么就可以得到一个访问过程：$A_1 \rightarrow A_2 \rightarrow \cdots \rightarrow A_n$，直到没有其他链接了，蜘蛛程序就会返回首页，然后继续下一访问过程：$B_1 \rightarrow B_2 \rightarrow \cdots \rightarrow B_n$，直到又没有其他链接了，蜘蛛程序再回到首页，继续下一访问过程，直至首页没有未被访问的相邻节点，本次搜索结束。

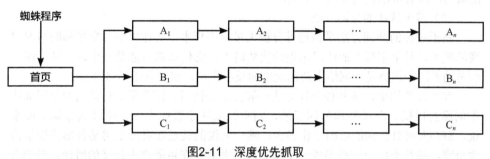

图2-11　深度优先抓取

（3）质量优先抓取

质量优先抓取方式一般针对大型网站，如新浪、网易等。由于这些大型网站的信息量庞大，而且相对来说网站权重比较高。因此，搜索引擎会更愿意优先抓取这些大型网站中的网页，以保障可以在较短的时间内为用户提供质量更高、价值更大的信息，这也是大型网站的内容抓取比小网站的内容抓取更及时的原因之一。

搜索引擎抓取高质量的网站一般分为两种方式：一种是前期由相关人员整理大量种子网站，进而由种子资源出发去发现更多大型网站资源；另一种是对已经索引的网站进行系统分析，从而识别那些内容丰富、规模较大、信息更新频繁的网站。

2.2.2　预处理网页

蜘蛛程序抓取到网页数据后，由于数据量过于庞大，不能直接用于索引服务，蜘蛛程序还要做大量的数据预处理工作，如提取文字、中文分词、去除停止词、消除噪声、去除重复内容、正向索引、倒排索引、链接关系计算和数据整合等。

扫码看视频

1. 提取文字

现在的搜索引擎主要以文字内容为基础。蜘蛛程序抓取的页面HTML代码中，除了用户在浏览器上可以看到的文字外，还包含大量的HTML格式标签、JavaScript程序等无法用于排名的内容。搜索引擎预处理时首先要做的就是从HTML文件中去除无法用于排名的标签和程序，提取出可以用于排名的文字内容。

Chapter 2

2. 中文分词

中文分词是中文搜索引擎特有的一个步骤。在中文语句中，词与词之间没有任何分隔符，一个句子中的所有字和词都是连在一起的，因此，搜索引擎首先要分辨是哪几个字组成了一个词，以及哪些字本身就是一个词。中文分词方法有两种，一种是基于词典匹配，另一种是基于统计。

（1）基于词典匹配的分词方法

基于词典匹配的分词方法是指将待分析的一段中文与一个事先准备好的词典中的词条进行匹配，如果在待分析中文字符串中扫描到词典中已有的词条，则说明匹配成功，或者可以说切分出一个词。

（2）基于统计的分词方法

基于统计的分词方法是指通过分析大量文字样本，统计出字与字相邻的情况出现的概率，几个字相邻的情况出现的次数越多，它们就越可能是一个词。基于统计的分词方法的优势是对网络上新出现的词反应更快，也有利于消除歧义。

在实际使用中，这两种分词方法一般会混合使用。搜索引擎对页面的分词取决于词库的规模、准确性和分词算法，而不是取决于页面本身，所以从分词角度来说，SEO人员对分词能做的工作很少。唯一能做的就是在页面上用某种形式提示搜索引擎，某几个字应该被当成一个词处理。尤其是在可能产生歧义的时候，SEO人员可以对页面标题、<h>标签及黑体字中出现的关键词进行设置。例如，某页面是关于"Excel培训"的内容，那么SEO人员可以把"Excel培训"这几个字设置为黑体，这样搜索引擎在对页面进行分析时，就会知道标为黑体的是一个词。

3. 去除停止词

停止词是指一些出现频率很高却对内容没有任何影响的词。例如，"的""地""得"之类的助词，"啊""哈""呀"之类的感叹词，"从而""以""却"之类的副词或介词。除此之外，还有一些常见的英文停止词，如the、a、an、to、of等。

因为这些停止词对页面的主要意思没有影响，所以搜索引擎在索引页面之前会去掉这些停止词，使索引数据的主题更为突出，减少无谓的计算量。

4. 消除噪声

噪声并不是指网页中嘈杂的声音，而是指页面上对页面主题没有贡献的内容。例如，版权声明文字、导航条、广告等，这些内容对页面主题只会起到分散作用。因此搜索引擎需要识别并消除这些噪声，在计算排名时避免使用噪声内容。

消除噪声的基本方法是，根据HTML标签对页面分块，区分出页头、导航条、正文、页脚、广告等区域。在网站中多次重复出现的区域一般都属于噪声。消除页面噪声后，剩下的才是页面主体内容。

5. 去除重复内容

同一篇文章经常会重复出现在不同网站及同一网站的不同网页上，搜索引擎并不喜欢这种重复的内容。用户在搜索时，如果在搜索结果前两页看到的都是来自不同网站的同一篇文章，体验就会比较差。用户更希望搜索引擎只显示相同文章中的一篇，所以搜索引擎在进行索引前还需要识别和删除重复内容（以下简称"去重"）。

去重算法的原理是抽取网页特征、计算相似度、消重；去重的工作一般会在分词之后、索引之前进行，但是也有可能在分词之前。首先，搜索引擎会在页面已经分出的关键词中，提取出一部分具有代表性的关键词，然后计算这些关键词的"指纹"（即信息指纹，是指在网页的正文信息中提取一定的信息，如关键词、句子或者段落及其在网页中的权重，然后对这些信息进行加密，从而形成的一个字符串。这个指纹和人的指纹一样，只要内容不相同，信息指纹就不一样），当新抓取的网页关键词的指纹和已索引网页的关键词指纹有重合时，那么该新网页就可能会被搜索引擎视为重复内容而放弃索引。

了解了搜索引擎的去重算法，SEO人员就应该知道，只是简单地在文章中增加"的""地""得"或者调换段落顺序这种所谓"伪原创"的行为，是逃不过搜索引擎的去重算法的。因为这样的操作无法改变文章的特征关键词，而且搜索引擎的去重算法很可能不止用在页面级别上，还会用在段落级别上，所以即使混合不同文章的内容、交叉调换段落顺序也不能使文章的转载和抄袭变成原创。

6. 正向索引

经过上述操作后，搜索引擎得到的就是独特的，能够反映页面主体内容的、以词为单位的内容。接下来蜘蛛程序就可以提取关键词，并按照分词程序划分好的词，将页面转换为由关键词组成的集合，同时记录每一个关键词在页面上的出现频率、出现次数、格式（如标题标签、黑体字、<h>标签、锚文本等）和位置（如页面第1段文字等）。

这样，每一个页面都可以记录为一串关键词的集合，其中每个关键词的词频、格式、位置等权重信息也都记录在案。

7. 倒排索引

正向索引还不能直接用于排名。例如，假设用户搜索关键词"2"，如果只存在正向索引，那么排名程序需要扫描所有索引库中的文件，找出包含关键词"2"的文件再进行相关性计算，这样的计算量无法满足实时返回排名结果的要求。因此搜索引擎需要将正向索引数据库重新构造成倒排索引，把文件到关键词的映射转换为关键词到文件的映射。

8. 链接关系计算

现在所有的主流搜索引擎排名因素中都包含网页之间的链接流动信息。搜索引擎在抓取页面内容后，必须事前计算页面上有哪些链接指向哪些其他页面，每个页面中导入链接使用了哪些锚文本。这些复杂的链接指向关系形成了网站和页面的链接权重。由于页面和链接数量巨大，网上的链接关系又在随时更新，因此链接关系的计算要耗费很长时间。

9. 数据整合

除了HTML文件外，搜索引擎通常还能抓取和索引以文字为基础的多种文件类型，如PDF、Word、WPS、XLS、PPT、TXT等，我们在搜索结果中也经常会看到这些文件类型。但是目前的搜索引擎还不能处理图片、视频、Flash这类非文字内容，也不能执行脚本和程序。虽然搜索引擎在识别图片及从Flash中提取文字内容方面有些进步，但距离直接读取图片、视频、Flash内容返回结果的目标还差得很远。目前，搜索引擎对图片、视频内容的排名还是依据与之相关的文字内容。

2.2.3 提供检索服务

扫码看视频

搜索引擎建好检索数据库后，就可以为用户提供检索服务了。当用户输入一个搜索关键词后，搜索引擎首先会对搜索关键词进行过滤和拆分处理，然后从检索数据库中提取与之匹配的页面，再从不同维度对页面的得分进行综合排序，最后通过收集用户检索数据对检索结果进行优化，即可得到最终的搜索结果。检索服务的基本流程如图2-12所示。

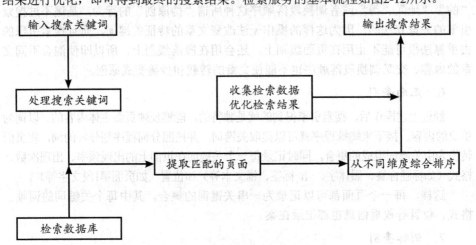

图2-12　检索服务的基本流程

【案例解析】在百度中搜索"计算机总有广告弹出怎么办"

1. 处理搜索关键词

处理搜索关键词与处理页面的关键词类似，搜索引擎需要对用户输入的搜索关键词进行分词和消除噪声等操作，并剔除对搜索结果意义不大的词，如输入"计算机总有广告弹出怎么办"，搜索引擎就会去除意义不大的关键词"总有"，然后将剩余关键词拆分为"计算机""广告弹出""怎么办"，如图2-13所示。

2. 提取匹配的页面

确定好关键词后，搜索引擎就会从检索数据库中提取包含该关键词的页面，但是这些页面并不会全部参与排名。因为搜索结果通常会有几十万条甚至上千万条，如果全部进行排名，搜索引擎的计算量会非常大，信息检索与排名的速度会变得非常慢，并且用户通常也只会查看前面几页的结果。因此，搜索引擎并不会显示所有搜索结果。例如，在百度中搜索"计算机总有广告弹出怎么办"，百度提示找到的相关结果约为100000000个，如图2-14所示。

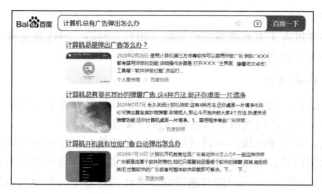

图2-13 拆分搜索关键词

图2-14 百度提示找到的搜索结果

但百度只显示了76页,按照默认每页10条搜索结果计算,搜索引擎只显示了前760条结果,如图2-15所示。

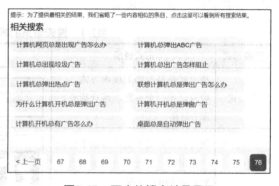

图2-15 百度的搜索结果显示

3. 从不同维度综合排序

搜索引擎提取匹配的页面之后,即可从不同维度对页面的得分进行综合排序。综合排序的维度通常包括以下几个。

（1）相关性

相关性是指网页内容与用户检索需求的匹配程度,如网页包含的用户检索关键词的个数、这些关键词出现的位置,以及外部网页指向该页面所用的锚文本等。

（2）权威性

通常用户更喜欢有一定权威性的网站提供的内容,觉得这些内容更真实可靠,因此,权威性越高的网站,其网页排名越靠前。

（3）时效性

时效性是指用户对搜索结果新旧程度的感知。对于用户来说,在满足需求的前提下,用户希望获得更多相对新鲜的资源;对于开发者来说,持续生产时效性高的优质内容,有利于其获得更多的内容分发的机会。

（4）丰富度

丰富度是指页面的丰富程度。丰富度涉及的内容比较广泛,一方面可以理解为网页内容丰富,可以完全满足用户需求;另一方面也可以理解为不仅可以满足用户单一需求,还可以满足用户的延展需求。

（5）加权/降权

加权是指通过人工方式提高某些页面（如官方网站、特殊通道等）的排名。

降权是指将一些有作弊嫌疑的网页的排名置后。

4. 优化检索结果

综合排序之后，搜索引擎还需要根据用户的IP地址、搜索习惯、搜索时间、以往的搜索记录及浏览过的网页等信息对搜索结果进行优化。

一般而言，通过IP地址，可以获取用户所在的地区；根据各地区用户的搜索习惯，可以返回用户特定地域的排名结果。通过搜索时间、以往的搜索记录及浏览过的网页等信息，可以了解用户的兴趣爱好、关注的内容等，从而可以为用户提供更加准确、个性化的搜索结果。

2.2.4 结果展现

搜索引擎经历了抓取和处理，并提供检索服务后，最终将搜索结果展现在用户面前。目前搜索引擎搜索结果的展现形式有摘要式、图片式、视频式、软件下载式、步骤式等，如表2-1所示。

表2-1 搜索结果的展现形式

展现形式	形式说明	举例
摘要式	摘要式是最原始的展现方式，一般只显示一个标题、两行摘要、部分链接	登录QQ邮箱 QQ邮箱，为亿万用户提供高效稳定便捷的电子邮件服务，你可以在计算机网页、iOS/iPad客户端、及Android客户端上使用它，通过邮件发送3G的超大附件，体验文件中转站、日历、记事本、……
图片式	图片式是在摘要式的基础上显示一张图片，方便用户了解网页内容，吸引用户点击	抖音App官网版免费下载-抖音短视频安卓版v18.6.0-PC6... 2021年11月25日 抖音短视频App是一款社交娱乐的软件 通过抖音短视频App你可以分享你的生活 同时可以在这里认识更多朋友,了解各种趣闻趣事。软件介绍 抖音短视频是中国广受欢迎的原创短视频分...
视频式	一般用于显示包含视频播放的网页，在摘要式的基础上显示一张视频缩略图以及视频的时长等信息	计算机如何拦截弹窗广告-知识-名师课堂-爱奇艺 视频 时长 00:53 2020年10月30日·计算机如何拦截弹窗广告
软件下载式	一般用于显示提供软件下载的页面，一般除了标题的链接外，还会显示软件的版本、类型、大小、更新时间、运行环境、使用语言等信息以及【立即下载】按钮	PS 官方新版 5119下载 Photoshop CC 版本: 2017　　　类型: 图像处理 大小: 1392.64MB　更新: 2021-12-21 环境: WinAll　　语言: 简体中文 立即下载
步骤式	主要用于显示操作步骤，通常展现多张缩略图及对应的步骤简略文本	Excel分列怎么用_360新知 1　2　3　4 如图有一张三行一列 首先在Excel的菜单 在步骤一的对话框 在步骤二中,勾选其 的表格,现在 栏中点击'数 默认选择,直 他 一栏并

2.3 搜索引擎的使用技巧

搜索引擎为用户查找信息提供了极大的便利，用户只需输入几个关键词，就可以得到想要的资料信息。然而很多用户在搜索时，经常会遇到这样一种情况：搜索引擎返回的搜索结果不是自己想要的内容。这种情况通常不是搜索引擎引起的，而是因为用户没有掌握搜索引擎的使用技巧。下面我们就来学习一下提高搜索效率的搜索引擎的使用技巧。

扫码看视频

2.3.1　选择合适的搜索引擎

通过2.1节的学习，我们了解了搜索引擎的类型，知道了不同搜索引擎由于工作方式的不同，所以在信息覆盖范围方面存在差异，有各自的局限性。由此可见，用户平常进行搜索时，仅集中于某一个搜索引擎是不明智的，合理的方式应该是根据具体要求选择合适的搜索引擎。

2.3.2　提炼关键词

选择搜索关键词的原则是：首先确定目标，形成一个比较清晰的概念，即明确要查询的到底是什么，是资料性的文档，还是某种产品或服务；然后再分析这些信息都有哪些共性，有哪些区别于其他同类信息的特性；最后从这些信息中提炼出最具代表性的关键词。如此用户一般就能迅速定位要搜索的内容。

2.3.3　细化搜索条件

搜索条件越具体，搜索引擎返回的结果就越精确。例如，想要查找Excel函数XLOOKUP方面的资料，输入"Excel"，由于范围太大，得到的搜索结果与需要的结果相差甚远；输入"Excel函数"，范围就小一些，得到的搜索结果都是与Excel函数相关的内容，但是与需要的结果依然有差距；而如果输入"Excel函数XLOOKUP"，得到的结果会比较精确。由此可见，用户将搜索条件细化，能够大幅度提高搜索效率。

【案例解析】查找有关 Excel 函数应用培训方面的资料

例如，用户想查找有关Excel函数应用培训方面的资料，输入"培训"，得到的是各种有关培训的信息，对用户来说有用的信息很少；而输入"Excel培训"，范围就小一些，得到的都是与"Excel培训"相关的信息；当然最好是输入"Excel函数应用培训"，得到的结果会精确很多，如图2-16所示。

图2-16　不同搜索条件的搜索结果

2.3.4　用好逻辑命令

搜索引擎一般都支持附加逻辑命令查询，使用逻辑命令查询可以大幅提高用户的搜索精度，节省大量的时间，达到事半功倍的效果。

常用的逻辑命令有加号、减号、空格和双引号等，还有与之相对应的布尔逻辑命令and、or和not。

（1）两个关键词都满足。当两个关键词必须都出现在搜索结果的网页上时，在第2个关键词的前面使用加号、"and"或空格。例如，在搜索引擎的文本框中输入"口红+香水""口红and香水"或"口红 香水"就表示要查找的内容必须要同时包含"口红"和"香水"这两个关键词。

（2）满足任意一个关键词。当两个关键词中任意一个出现在搜索结果的网页上时，在第2个关键词的前面使用"or"。例如，在搜索引擎的文本框中输入"口红or香水"就表示要查找的内容至少包含"口红"或"香水"这两个关键词中的一个。

（3）排除某个关键词。在关键词的前面使用减号或"not"，意味着在查询结果中不能出现该关键词。例如，在搜索引擎的文本框中输入"电影-喜剧电影"，它就表示最后的搜索结果中一定不包含"喜剧电影"。

（4）精准查询。为要查询的关键词加上双引号，可以实现精准查询，这种方法要求搜索结果要精确匹配，而不包括演变形式。例如，在搜索引擎的文本框中输入"绿植"，它就会返回网页结果中有"绿植"这个关键词的网页，而不会返回诸如"绿色植物"之类的网页。

> 🎓 提示
>
> 1. 不同搜索引擎对逻辑命令的支持效果不同，对有些逻辑命令不一定支持。
>
> 2. 逻辑命令可以混合使用。

2.3.5 使用特殊搜索命令

除一般搜索功能外，搜索引擎还会提供一些特殊搜索命令，以满足用户的特殊需求。例如，查询某个网站被搜索引擎收录的页面数量、查找URL中包含指定文本的页面、查找网页标题中包含指定的文本的页面等。下面分别进行介绍。

1. intitle命令

intitle命令返回的是页面标题中包含关键词的页面，其格式为：

> "intitle" +半角冒号 ":" +关键词

例如，搜索标题中包含"智能家居"关键词的页面，就可以在搜索文本框中输入"intitle:智能家居"文本，按【Enter】键进行查询后，即可看到搜索结果中，每个页面的标题都包含"智能家居"关键词，如图2-17所示。

2. site命令

site命令用于查询一个网站在搜索引擎中的收录情况，其格式为：

> "site" +半角冒号 ":" +网址

图2-17　intitle命令的搜索结果

例如，想要查询"人民邮电出版社"网站在百度中的收录情况，就可以使用site命令来进行查询。在搜索文本框中输入"site:ptpress.com.cn"文本，按【Enter】键进行查询后，即可看到该网站共有51,400个网页被收录，如图2-18所示。

图2-18　site命令的搜索结果

> 🎓 提示
>
> 需要注意的是，site 命令的网址中不含"www"，也不含"http：//"。

3. inurl命令

inurl命令的作用是查询在URL中包含指定文本的网页，其格式为：

"inurl"+半角冒号":"+指定文本

"inurl"+半角冒号":"+指定文本+空格+关键词

关键词+空格+"inurl"+半角冒号":"+指定文本

例如，在百度中查询所有URL中
包含"Excel"文本的页面，以及URL
中包含"Excel"文本，同时页面的关
键词为"函数"的页面，在搜索文本
框中输入"inurl:Excel 函数"文本，
按【Enter】键进行查询后，即可看到
该网站共有4,310,000个网页被收录，
如图2-19所示。

图2-19　inurl命令的搜索结果

2.3.6　使用附加搜索功能

搜索引擎都会提供一些方便用户搜索的定制功能。常见的有相关关键词搜索、
限制地区搜索和限制时间搜索等。

例如，在百度中搜索关键词"年度分析报告"，搜索结果有71,300,000个，如
图2-20所示。

单击搜索结果右上角的【搜索工具】按钮，显示搜索工具后，单击【时间不
限】下拉按钮，在弹出的下拉列表中选择【一周内】，如图2-21所示。

图2-20　包含"年度分析报告"的网页

图2-21　设置发布时间为"一周内"

单击【所有网页和文件】下拉按
钮，在弹出的下拉列表中选择【微软
PowerPoint(.ppt)】，如图2-22所示。

如此搜索结果中即可仅显示一
周内发布的包含"年度分析报告"
关键词的PPT演示文稿，最终搜索结
果如图2-23所示。

图2-22　设置文件类型为"PPT"

图2-23　最终搜索结果

拓展阅读：对于页面抓取方式应各取所长

从理论上讲，无论是深度优先还是广度优先，只要有足够的时间，蜘蛛程序都能爬行完整个网络。但是在实际工作中，时间都是有限的，所以蜘蛛程序不可能爬完所有的页面。因此深度优先和广度优先通常是混合使用的，这样既可以照顾到更多的网站（广度优先），也能照顾到一部分网站的页面（深度优先），同时还考虑了页面权重、网站规模和外部链接等因素。通过蜘蛛程序的运行抓取信息，我们应该认识到"尺有所短，寸有所长"，应该尽可能地"各取所长，各补所短"，这样才能更高效地完成工作。

思考与练习

一、填空题

1．常见的搜索引擎类型包括_____、_____、_____和_____等。

2．搜索引擎的工作原理包括_____、_____、_____和_____4个方面。

3．迄今为止，搜索引擎经历了_____、_____、_____、_____和_____5个发展阶段。

二、判断题

1．元搜索引擎的工作原理是利用计算机的索引程序扫描网页中的每一个字/词，对每一个字/词建立一个索引，指明该字/词在文章中出现的次数和位置，建立索引库。（　　　）

2．生活生态圈时代的搜索引擎可以找人。（　　　）

3．在搜索引擎中输入"计算机+笔记本"，搜索结果中"计算机"和"笔记本"两个关键词可能只有一个。（　　　）

三、单项选择题

1．下面的选项中，关于搜索引擎的发展阶段的描述正确的是（　　　）。

    A．第一阶段：全文搜索引擎时代　　B．第二阶段：目录检索时代

    C．第四阶段：整合目录时代　　　　D．第五阶段：生活生态圈时代

2. 下列选项中，不属于常见的搜索引擎抓取页面的方式的是（　　）。

    A．广度优先抓取　　　　　　　　　　B．宽度优先抓取

    C．深度优先抓取　　　　　　　　　　D．质量优先抓取

3. 下列选项中，不属于网页处理工作的是（　　）。

    A．英文分词　　　B．去除停止词　　　C．消除噪声　　D．去除重复内容

四、简答题

1. 什么是搜索引擎？

2. 检索服务进行综合排序时包含哪几个维度？

3. 通过图展现广度优先抓取的过程。

任务实训

任务实训1

实训目的	
让读者更好地了解搜索引擎中搜索结果的展现形式	
实训内容	
在搜索引擎中搜索包含关键词"运动鞋"或"板鞋"的网页	
实训步骤	
序号	内容
1	"运动鞋"或"板鞋"
2	查看搜索结果中都有哪几种展现形式

任务实训2

实训目的	
加强读者对搜索引擎的特殊搜索命令的了解	
实训内容	
使用intitle命令查询标题中包含关键词"健身"的网页	
实训步骤	
序号	内容
1	在搜索引擎文本框中输入关键词"intitle:健身"
2	查看搜索结果标题中是否都包含关键词"健身"

第3章

网站建设与SEO

 学习目标

- ✓ 了解如何选择合适的域名。
- ✓ 掌握如何选择合适的网站空间。
- ✓ 掌握如何选择合适的网站系统。

素养课堂

技能目标

- ✓ 掌握注册域名的技能。
- ✓ 掌握购买网站空间的技能。

3.1 选择适合SEO的域名

企业开展SEO前，首先要建设好自己的网站，并为其选择合适的域名。从SEO的角度来说，域名的选择是非常重要的，好的域名将对网站的SEO排名起到事半功倍的作用。

扫码看视频

3.1.1 域名后缀的选择

域名是单位或机构在Internet上确定的名称或位置，具有唯一性。一个完整的域名由2个或2个以上的部分组成，各部分之间用英文的句号 "." 来分隔，最后一个 "." 的右边部分称为顶级域名（Top-level domains，TLD），也称为一级域名，最后一个 "." 的左边部分称为二级域名（Second-level domain，SLD），二级域名的左边部分称为三级域名，以此类推，每一级的域名控制它下一级域名的分配。

本节我们主要介绍顶级域名后缀和我国二级域名后缀的分类以及含义。

1. 顶级域名后缀

顶级域名分为国际通用顶级域名（包含新通用顶级域名）和国家（或地区）顶级域名。

常见的国际通用顶级域名后缀及含义如表3-1所示。

表3-1 常见的国际通用顶级域名后缀及含义

域名后缀	含义
.com	商业机构，任何人都可以注册
.edu	教育机构
.gov	政府部门
.int	国际组织
.mil	美国军事部门
.net	网络组织（如因特网服务商和维护商），任何人都可以注册
.org	非营利组织，任何人都可以注册
.biz	商业
.info	网络信息服务组织
.pro	用于会计、律师和医生
.name	用于个人
.museum	用于博物馆
.coop	用于商业合作团体
.aero	用于航空工业
.idv	用于个人

常见的国家（或地区）顶级域名后缀及含义如表3-2所示。

表3-2 常见的国家（或地区）顶级域名后缀及含义

域名后缀	含义
.au	澳大利亚
.de	德国
.ru	俄罗斯
.fr	法国
.ca	加拿大
.us	美国
.jp	日本
.uk	英国
.cn	中国

2. 我国二级域名后缀

在顶级域名之下，我国的二级域名又分为类别域名和行政区域名两类。

其中，类别域名共7个，其后缀及含义如表3-3所示。

表3-3 我国类别域名后缀及含义

域名后缀	含义
.ac	科研机构
.com、.top	工商、金融企业
.edu	教育机构
.gov	政府部门
.net	网络服务商
.org	非营利组织
.mil	军事机构

行政区域名共34个，分别对应于我国各省（区、市），如.bj.cn。

目前常用的域名后缀有：.com，.net，.org，.cn等，不同的后缀分别适用于不同的企业或组织，具体如下所示。

.com表示的是工商、金融企业等，在互联网上以.com作为后缀的域名的注册量是最多的，如果要注册的.com域名是空着的话，那么它应该作为你的首选域名后缀。

.net表示的是网络服务商，一般有网络背景的公司都会选择用这个后缀。另外.net用作后缀在中国还有另外一项好处，就是我们已经习惯了把某个网站叫作××网，这样用.net作为域名后缀显得更名正言顺，更容易被接受。

.org一般指的是非营利性的组织，没有商业性，所以以.org为后缀的域名资源比起.com和.net要丰富得多，商业网站和企业官网一般不会使用这个后缀。

.cn表示的是中国国家顶级域名，还有一种组合就是在.cn前边加上.com .net .org等，如.com.cn，表示中国公司和商业组织域名。

3.1.2 域名长短的选择

对于浏览者来说，网站域名的长短不会影响搜索引擎的索引结果，但由于用户的回访度是评判网站质量的一个重要标准，因此，通常网站的域名越短越容易被识别或记住，网站的用户回访度就会越高，网站质量就会越高。而网站质量高，说明搜索引擎给网站的评分较高，网站的权重就会相应较高。

综上所述，网站在选择域名时，短域名是首选。

3.1.3 域名命名的注意事项

域名是互联网时代发展的产物，它与商标、品牌等一样具有识别的作用。一个好的域名有利于用户的记忆与传播，那么怎样才能起个好的域名呢？在为域名命名时应该遵循哪些原则呢？

1. 短小易记

一个好的域名一定不能太过复杂，而是要尽量简短，让人看一眼就可以轻松记住。而且，域名尽量与企业信息相关，这样可以减少用户的记忆成本。例如，使用短小的英文单词、企业名称、品牌的汉语拼音或缩写，数字加英文或拼音等形式作为网站域名，这样用户一看到域名就会联想到网站内容，如51job、baidu等。

2. 切忌与其他域名混淆

在注册域名时，切忌与已有的域名类似，否则容易让用户混淆或误解，不利于网站的推广。很多人想利用品牌效应推广自己的网站，这样做往往得不到用户的认同。在这种情况下，用户即使访问了网站，也极有可能很快发现该网站不是自己所要访问的网站，然后果断退出网站，并认定该网站为假冒网站、骗子网站。

3. 与企业的名称、商标、产品或核心业务相关

一个好的域名应该是同企业的名称、商标、产品或核心业务相联系的，使用户一看到域名马上就能联想到企业的情况。这不仅便于用户记忆，而且利于提高企业的知名度。

4. 尽量避免文化冲突

域名应该是通俗易懂的，不能违背文化传统。因此，在选择域名时应该尽量避免可能引起文化冲突的域名。

5. 包含关键词

域名要尽可能地包含网站想优化的关键词，因为域名里的关键词也是搜索引擎搜索的一部分。

3.1.4 域名存在时间的影响

域名在搜索引擎中存在时间的长短对SEO也是有影响的。网站的域名存在时间的长短可以作为搜索引擎评价网站质量的一个因素。通常搜索引擎会给予在搜索引擎中存在时间较长的网站以较高的权重。

因此，大家在注册域名后，即使网站没有制作完成，也要先放一个简单的页面上去，通过外部链接等手段被搜索引擎收录，待网站制作完成后，再上传更多内容，这相当于对一个搜索引擎收录的网站进行改版。这样搜索引擎就会认定网站已经运行较长时间了。

3.1.5 域名的注册与购买

确定好域名后，就可以进行域名的注册和购买了。注册域名的机构有很多，如万网、新网等。下面以在万网中注册并购买一个新的域名为例作简单介绍。需要注意的是，用万网注册域名需要先注册一个阿里云账号，其具体操作如下。

【案例解析】在万网中注册与购买一个域名

`01` 进入万网首页，单击右上角的【立即注册】按钮，如图3-1所示，进入账号注册页面，填写账号、密码及手机号等信息后，单击【注册】按钮，如图3-2所示。

图3-1　万网首页

> **02**　注册成功页面如图3-3所示，然后单击【快速实名认证】按钮，进入实名认证页面，按照提示选择一种认证类型进行实名认证，如图3-4所示。

图3-2　注册阿里云　　　　　　　　图3-3　注册成功

图3-4　实名认证

> **03**　认证完成后，返回万网首页，在其搜索文本框中输入需要注册的域名，然后单击【查询域名】按钮，如图3-5所示。

图3-5　查询域名

04 域名搜索结果如图3-6所示，搜索结果中会显示相应的域名及价格，单击要注册的域名后面的【加入清单】按钮，即可将该域名加入域名清单。

05 在域名清单页面中单击【域名清单】按钮，选中需要购买的域名，如图3-7所示。

图3-6　域名列表　　　　　　　　　　　图3-7　域名清单

06 单击【立即购买】按钮，进入确认订单页面，选择域名持有者，单击【立即购买】按钮完成购买，如图3-8所示。

图3-8　确认订单

3.2　选择适合SEO的网站空间

企业做网站，通常都不会自己架设服务器，而是选择以虚拟主机空间作为存放网站内容的网站空间。

网站空间，即虚拟主机空间，是指能存放网站文件和资料，包括文字、文档、数据库、网页、图片等文件的空间。

3.2.1 网站空间服务商的选择

选择网站空间，最重要的是选择适合自己的服务商，而不是所谓的最好的服务商。在选择网站空间服务商前，我们要进行多方位考察。

扫码看视频

1. 安全性

安全性是非常重要的一个考察点，因为一旦安全性得不到保障，网站就很容易处于危险状态。网站空间服务商的安全性越好，网站被破坏的风险就越低。一般情况下，网站空间服务商既要提供数据的备份、防黑客等基本功能，又要提供防火墙和定期打补丁等安全措施。另外，采取积极主动的安全措施也可以减少网站风险。

网站空间的安全性至关重要，因为网站一旦被破坏，将会造成企业很多损失以及额外的开支。

2. 稳定性

稳定性也非常重要。网站空间服务商需要保证企业用户能随时随地访问网站，并且可以进入网站后台进行管理和维护。

企业在考察网站空间的稳定性时，既要考察虚拟主机提供商（因为网站的稳定依托于可靠的虚拟主机），也要考察服务器空间的兼容性和软硬件性能，另外服务器所在的机房情况、带宽情况也需要考察，特别是访问量较大或者运行流媒体的网站。以上这些因素都可能直接影响网站的表现。

网站空间的稳定性对SEO的影响也很大。如果一个网站经常打不开，即使内容再好，优化做得再厉害，用户可能也不会去访问它；另外当搜索引擎刚好要爬行你的网站的时候，若服务器出了问题，蜘蛛程序就无法运行，搜索引擎同样会认为你的网站不稳定，会减少对你的网站爬行，甚至不进行爬行，长此以往，势必会影响网站排名。

3. 价格

价格也是购买网站空间服务时需要考虑的因素。通常网站空间服务商的服务和价格是成正比的。价格较低的网站空间服务商一般不会把精力放在服务上，只是提供一般的产品。部分网站空间服务商虽然可以提供优质的产品和服务，但是价格非常贵，超出了很多用户的承受范围。因此，企业需要货比三家，根据预算找到适合自己的网站空间服务商。

4. 客户服务

对于网络新手来说，良好的客户服务是尤其关键的。在客户服务方面，企业可以从以下几个方面考察。

① 他们是否提供24小时的客户服务。

② 如何提供技术支持，是QQ、电话还是在线留言。

③ 他们是否提供免费的400或800电话服务。

通过考察这些，企业可以了解网站空间服务商的客户服务的效率和友好程度。

5．访问速度

网站空间的访问速度会给SEO带来两个方面的影响：第一是搜索引擎收录，第二是用户体验。

每个网站在搜索引擎中都有一个权重值，搜索引擎会根据网站权重值为其分配对应的抓取总时间。网站权重越高，分配的抓取总时间越长。如果网站的访问速度较慢，搜索引擎抓取一个页面的时间就会很长，那么搜索引擎抓取页面的数量就会减少，网站的收录页面数量自然也会减少。因此，网站空间的访问速度将直接影响SEO的效果。

此外，网站空间的访问速度还会影响用户体验，因为当用户在查看商品详情时，若网站打开速度特别慢，用户可能就会直接关闭网页。

3.2.2 网站空间类型的选择

网站空间通常可以分为3种类型：虚拟主机、云服务器和物理服务器。这3种类型的网站空间各有各的特点，用户可以根据不同需求选择合适的网站空间类型。

扫码看视频

1．虚拟主机

虚拟主机就是把一台服务器分割成多个虚拟服务器。它的优势：即使在同一个硬件、同一个操作系统上运行着多个用户打开的不同服务器程序，它们也可以互不干扰，并且每一台虚拟主机的表现和独立主机几乎没有差别。它的缺点：由于多个用户共享一台服务器，其访问速度和流量会受到一定的限制。

对于个人网站或者小企业网站来说，虚拟主机是个非常不错的选择；对于流量不是很大的企业网站，用虚拟主机也完全可以。虚拟主机可以帮企业节约成本，更好地开展网络业务。

2．云服务器

云服务器是一种简单高效、安全可靠、处理能力可弹性伸缩的计算服务器。云服务器具有独立的带宽和IP地址。用户可以根据需求自主安装各种操作系统，配置相应的运行环境，用户无须提前购买硬件，即可迅速创建任意多台云服务器。

云服务器内置共享内存和智能备份，服务环境采用高端服务器进行部署，同时采用集中的管理与监控，确保业务稳定可靠。

云服务器相对于虚拟主机来说，性能更好，但是价格比虚拟主机贵很多，比较适合中大型企业网站。

3．物理服务器

物理服务器是一种实体服务器，价格昂贵，使用起来较复杂，适合有专人维护服务器的大型企业网站。

扫码看视频

3.2.3 网站空间功能的要求

在进行SEO的时候，经常会发现有些网络空间服务器的功能不支持网站的设置，导致网站无法正常优化。所以，在选择网络空间服务器的时候，一定要了解是否支持SEO的必要功能。

1. 是否支持404功能

用户在浏览网页时，经常会遇到"404错误"，如图3-9所示。

网页出现"404错误"通常是由于网页URL生成规则发生改变、网页文件更名或移动位置、导入链接拼写错误等，导致了原来的网页URL地址无法访问。这时，服务器会返回一个404状态码，告诉用户浏览器请求的资源并不存在。

如果网站设置了404页面，当用户打开的页面不存在或链接错误时，网站将打开设

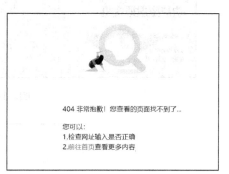

图3-9　404错误

置的404页面，引导用户使用网站的其他页面或直接跳转到网站的首页；但是如果网站没有设置404页面，浏览器中将只会提示"该页面无法显示成404.0-Not Found"等信息，这时用户只能选择关闭当前页面。相比较而言，设置了404页面的网站更容易留住客户。

2. 是否支持网站日志下载功能

网站日志就是记录网站运营和被访问请求情况的文件。通过网站日志，企业可以清楚地了解到用户浏览网站的情况以及搜索引擎抓取网站的情况，这样可以帮助SEO人员有针对性地对网站进行调整。

3. 是否支持301重定向

301重定向对于网站来说也是非常重要的。网站在改版、调整，改变目录结构或者页面地址转换时，都需要使用301重定向。如果不使用301重定向，用户就会访问一个404错误的页面，从而导致流量损失。

3.2.4 网站空间的购买

选择好服务商并确定好网站空间类型后，就可以购买网站空间了，下面以在新网中购买一款虚拟主机为例进行介绍。具体操作步骤如下。

扫码看视频

【案例解析】在新网中购买网站空间

01 打开新网首页，单击首页右上角的【免费注册】按钮，如图3-10所示。

02 打开新网注册页面，输入邮箱、密码、手机号及验证码，并勾选【阅读并同

意 新网用户协议 客户信息收集声明】复选框，单击【注册】按钮，即可完成新网的注册，如图3-11所示。

图3-10　新网首页

图3-11　新网注册

03　注册完成后，系统自动跳转到主机服务页面，单击【创建虚拟主机】下拉按钮，在弹出的下拉列表中选择一种合适的主机，如图3-12所示。

图3-12　主机服务

04　打开选择产品及服务页面，用户可以根据需要对虚拟主机的配置进行调整，调整完毕后单击【立即购买】按钮，如图3-13所示。

05　打开提交订单页面，单击【提交订单】按钮，如图3-14所示。

06　打开付款页面，单击【确认支付】按钮，然后扫码付款即可，如图3-15所示。

图3-13　选择产品及服务

图3-14　提交订单

图3-15　确认支付

3.3　选择适合SEO的网站系统

　　随着互联网的不断发展，免费的网站系统数量很多。企业可根据自己建站的目的与需求选择合适的网站系统，然后下载程序，按照说明一步一步地操作，就可以快

41

Chapter
3

速建立一个网站。常见的有利于SEO的网站系统有内容管理系统、电子商务系统等。

3.3.1 内容管理系统

扫码看视频

内容管理系统（Content Management System，CMS），也称为网站管理系统。在创建网站系统的时候，一般企业都会选择CMS，因为CMS本身是一个已经开发好的网站程序，企业只需要专注网站页面的美化、内容及框架的修改。其中对于内容和框架的修改，企业可以直接通过CMS的后台来进行，非常方便、快捷，并不需要有专业知识的人操作。

我们通常会建议企业建站的时候选择一款比较成熟的CMS，因为使用成熟的CMS的人比较多，它接收到的用户反馈自然就会更多，功能也就更完善，安全性也更高。

企业在选择CMS的时候，可以从以下几个因素考虑，如图3-16所示。

1. 开发语言

系统开发语言建议选择PHP或ASP.NET，尽量不选ASP，因为ASP已经是一门被淘汰的开发语言。使用PHP或ASP.NET语言开发的网站是比较安全和稳定的。

2. 后台操作

CMS一般已经提前把程序和各种功能都设计好了，企业在选择适合自己的系统的时候，可以先下载下来试用一下，以确认后台操作是否简单方便，功能是否满足自己的网站需求。

图3-16 选择CMS的考虑因素

3. SEO功能

网站创建好以后，企业还要考虑后续的SEO，所以一个CMS的优化功能是否完善也是非常重要的，如后台是否可以为每个页面自定义标题、关键词、描述，是否可以生成静态页面和自定义静态文件路径等，这些都是企业需要考虑的SEO功能。

4. 网站类型

企业在选择CMS的时候，最重要的还是要考虑自己的网站类型。再好的网站系统，如果与自己的网站类型不匹配，也是徒劳。通常企业网站可以选择PageAdmin，网上商城可以选择ECshop，论坛可以选择Discuz!或PHPwind，博客可以选择Z-blog。

3.3.2 电子商务系统

在互联网飞速发展的时代，网上购物已经成功地改变了我们的消费模式，越来越多的企业进入电商行业，想要在这个大市场中"分一杯羹"。但是"工欲善其事，必先利其器"，企业要进军电

扫码看视频

子商务行业，首先应该挑选一款合适的电子商务系统，这样才能更好地完成网上销售，获取利润。

那么，企业在挑选电子商务系统的时候，可以从以下几个因素考虑，如图3-17所示。

1. 运营模式

电子商务平台的运营模式通常并不是一成不变的，更多的是从单一模式逐步向多元化演变的。因此，大部分企业开始时会以自营模式（B2C单店模式）或混合模式（自营+多商家入驻，多用户商城模式）为基础，然后在平台的发展过程中不断衍生更多的形态。因此，建议企业根据自身发展需求和实际发展情况选择合适的运营模式。

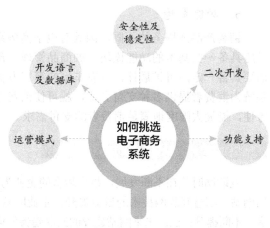

图3-17　选择电子商务系统的考虑因素

2. 开发语言及数据库

（1）开发语言

现在电子商务平台的开发技术主要以Java、PHP、.NET开发语言为主。这几种语言中，通常企业选择更多的是Java，因为通常.NET不支持跨平台操作；PHP安全稳定性不高；而Java应用广泛，安全性能、跨平台性好。

（2）数据库

电子商务平台的数据库主要以MySQL、SQL Server、Oracle为主，MySQL简单易用、开源，属于轻量级的数据库；SQLServer便捷、灵活，不支持跨平台操作；Oracle兼容性、安全性和稳定性较强，但是成本支出较高。它们都有着各自的优缺点，企业在选择电子商务系统时，可选择支持多数据库的软件系统，这样可以满足企业在不同发展阶段的不同需求。

3. 安全性及稳定性

电子商务平台不同于其他平台，平台内部会涉及大量资金、消费者信息及交易数据，这些信息一旦泄露，会严重影响电子商务企业的运营，因此，安全性显得尤为重要。此外，如果平台的稳定性不好，就会严重影响消费者的购物体验，极易造成消费者的流失，所以稳定性对电子商务平台也是至关重要的。

4. 二次开发

现在，电子商务正处于一个不断发展的时代，为了应对市场环境的变化，一般电子商务平台在运营的过程中还需要不断地进行扩展、维护和二次开发。

因此，企业在挑选电子商务系统时，还应该考察其在二次开发方面是否提供了很好的技术支持。例如，源代码、代码注释、Javadoc、数据库结构、插件扩展等文档的提供，源代码是否严格遵循JavaEE标准开发规范等，因为源代码的规范与否决定着平台后续二次开发的难易程度。

5. 功能支持

销售产品或服务的不同，因其对电子商务系统的要求也不同，电子商务系统除了应具备一些基本的功能模块（如商品管理、营销、多语言、物流查询等）外，还需要具备一定的可扩展性，拥有丰富的第三方扩展应用（如第三方支付）。例如，系统为消费者提供多种支付方式，就可使消费者根据自己的需求来选择，更安全、方便，能最大限度地满足消费者的支付需求。

拓展阅读：网站建设的发展趋势

互联网时代在不断发展，越来越多的企业为了跟上时代的步伐，争相创办了自己的网站。随着互联网技术的日益提升，企业网站要想幸存下来，就必须紧跟时代的节奏，不断提升自己。未来网站建设的发展趋势如何呢？

① 更具个性化：对于企业来说，个性化的打造必不可少。因为企业更倾向于针对自己的企业以及品牌打造一个具有自己鲜明特色的、独一无二的网站，而不是一个个"克隆"的模板网站。此外，个性化能够实现的全方位售后服务、案例解析、用户交流等都是利于网站长远发展的利器。

② 交互性更强：网络用户越来越需要得到别人的重视，这就要求企业在建设网站的过程中更加注重增强用户与企业之间的沟通。企业网站可以通过与社交平台结合的方式，打造新型的企业网站沟通形式。

③ 营销成为主流：随着网络技术的不断发展，社交媒体逐渐占据了营销市场的巨大空间，企业一定要紧跟营销市场的变化进行营销改造，将网站发展为营销型网站，这势必会成为企业改善业务的利器。

④ 安全性更为重要：无论是大型企业还是中小企业，都应该将网站安全视为一个不可小觑的问题，安全性的缺失，可能直接导致用户信息被泄露，进而造成用户蒙受隐私信息泄露以及财产的直接损失，这势必会造成用户的流失。重视企业网站安全性，不仅是对自身长远发展的考虑，更是对用户的负责。

思考与练习

一、填空题

1. 域名根据级别的不同可以分为_____、_____和_____等。

2. 网站空间通常可以分为3种类型_____、_____和_____。

3. 常见的有利于SEO的网站系统有_____和_____等。

二、判断题

1. 域名的长短不会影响搜索引擎的索引结果。（　　）

2. 虚拟主机比云服务器性能更好。（　　）

3. 网站空间速度只会影响用户体验，不会影响搜索引擎收录。（　　）

三、单项选择题

1. 下列选项中，关于域名命名的说法错误的是（　　　）。

  A．短小易记   B．包含关键词

  C．越长越好   D．避免文化冲突

2. 下列选项中，不是选择网站空间服务商的考虑因素的是（　　　）。

  A．安全性   B．稳定性   C．价格   D．地域

3. 下列选项中，不属于网站空间功能要求的是（　　　）。

  A．是否支持二次开发   B．是否支持404功能

  C．是否支持网站日志下载功能 D．是否支持301重定向

四、简答题

1. 企业应该如何选择内容管理系统，需要考虑哪些方面的因素？
2. 简述网站空间的稳定性对SEO的影响。
3. 简述网站空间的访问速度对SEO的影响。

任务实训

任务实训1

实训目的	
让读者熟悉注册域名的流程	
实训内容	
为"××工作室"选择一个合适的域名并注册	
实训步骤	
序号	内容
1	注册一个万网账号
2	在万网为"××工作室"选择一个合适的域名并注册

任务实训2

实训目的	
让读者熟悉网站空间购买的流程	
实训内容	
为"××工作室"选择一个合适的网站空间并购买	
实训步骤	
序号	内容
1	注册一个新网账号
2	在新网为"××工作室"选择一个合适的网站空间并购买

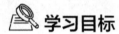

第4章

网站关键词的选择与优化

学习目标

- √ 了解网站关键词的类型和作用。
- √ 掌握关键词的选择原则和方法。
- √ 掌握关键词的布局原则。
- √ 了解关键词流量预估和价值分析的方法。

素养课堂

技能目标

- √ 能够根据网站的类型和目的确定网站关键词。
- √ 能够将关键词合理布局到网站的各个页面中。
- √ 具有一定的关键词流量预估和价值分析的能力。

4.1 网站关键词概述

4.1.1 网站关键词的定义

网站关键词就是一个网站给首页设定的，方便用户通过搜索引擎搜索到本网站的词汇，它代表了网站的市场定位。网站关键词可以是一个词语、一个短语，也可以是一句话。例如，在百度的搜索文本框中输入关键词"Excel函数"进行搜索，结果如图4-1所示。

扫码看视频

图4-1　输入关键词后的搜索结果

4.1.2　网站关键词的类型

SEO人员在给网站选取合适的关键词的时候，还需要了解网站关键词的类型。网站关键词可从不同的角度来划分。例如，从概念上来划分，网站关键词可分为核心关键词、次要关键词和长尾关键词。

1. 核心关键词

核心关键词是指目标用户用来搜索网站产品或服务的关键词，网站的主要内容都必须围绕核心关键词来展开。核心关键词一般是由2～4个字组成的词组，如"Excel培训"。这类关键词的竞争往往比较激烈，但是它带来的流量比较大。

2. 次要关键词

次要关键词是需要根据核心关键词来确定的，是核心关键词的扩展，其重要程度仅次于核心关键词。

3. 长尾关键词

长尾关键词是指根据核心关键词衍生的一些词语，一般由多个关键词组合而成，如"Excel财务函数培训"。长尾关键词的搜索量相对较小，但是用户搜索目标比较精准，竞争较小。

4.1.3　网站关键词优化的作用

关键词对于网站优化效果的实现是大有裨益的，准确的关键词选择会使网站优化事半功倍。网站关键词优化有以下作用。

1. 提升用户体验

不同行业和不同用户群体在搜索引擎中搜索时用到的关键词都是有一定的规律的，关键词优化可以使用户在更短的时间内搜索并浏览到符合需求的网站内容，并通过内容获取自己想要的有价值的信息。这在满足用户需求的同时也可以增加用户访问网站的概率，从而提高网站流量，留住更多的用户。

2. 提高网站在搜索引擎中的收录率和排名

企业建立网站的初衷是通过用户这个主体来实现最终的营销目的（如销售产品、提高知名度等），因此网站内容必须要被尽可能多的用户浏览到，这样才有可能使用户产生进一步的消费动机和行为；其次，网站内容还要做到被搜索引擎更多的收录，拥有一个更好的排名。通常对核心关键词进行优化，可以突出网页文章的主旨，便于搜索引擎收录，而对长尾关键词的优化则更有利于在搜索引擎中拥有更好的排名。简言之，对网站关键词优化，就是为了使其符合搜索引擎的要求，实现更好的优化效果。

4.2 网站关键词的选择优化

在确定网站关键词之前，首先需要明确关键词的选择原则，然后明确关键词的选择方法。

扫码看视频

4.2.1 网站关键词的选择原则

关键词选择得好与不好，对于网站排名有非常明显的影响。如果关键词选择得好，关键词排名就靠前，用户在进行关键词搜索时，网站就可能显示在搜索引擎的首页，自然能够获得比较大的流量，从而获得更好的收益；如果关键词选择得不好，即使关键词的排名再靠前，也不会带来大的流量。

1. 相关性

SEO人员在选择关键词的时候，首先应该考虑的是关键词与网站内容的相关性，因为用户通过关键词进入网站后，如果发现网页内容与关键词不符，那么用户一般不会在网页多做停留，而是会关闭网站，这样就增加了跳出率，降低了网站排名。由此可见，关键词的相关性对于SEO有着非常重要的作用。

2. 竞争力

无论什么样的关键词都是有竞争力的，通常，关键词竞争力越高，优化难度越高；关键词竞争力越低，优化难度越低。因此，SEO人员在选择关键词的时候，最好选择竞争力不是特别高的关键词，这样更容易让网站获得好的排名。

3. 搜索量

SEO人员在选择关键词的时候，搜索量也是必须考虑的一个因素，最好选择用户搜索量大的词，因为搜索量更大的关键词通常拥有更大的流量，如果可以把这样的关键词优化到搜索引擎的首页，网站就能够获得更大的流量和更好的排名。

4. 范围

SEO人员在选择关键词的时候，尽量不要选择范围过于宽泛的词语。因为关键词的范围直接影响网站最终的流量。只有将关键词限定在一定的范围内，才更有利于网站的长期发展，从而让网站获得更多精准流量。

4.2.2　网站关键词的选择方法

确定了关键词的选择原则后，就需要通过一些方法或工具把关键词选择出来。本节介绍几种常用的关键词的选择方法，如图4-2所示。

图4-2　关键词的选择方法

1．自我分析

自我分析主要是分析自身的产品或者服务。SEO人员在选择关键词的时候，可以考虑：与企业的产品或服务相关的关键词有哪些；用户在搜索相关信息时，会使用哪些搜索词等。通过以上自我分析列出十几个关键词，作为备选的关键词。

2．竞争对手分析

竞争对手分析通常是在百度或其他搜索引擎中查询竞争对手的网站，然后通过查看其网站首页源文件的方式快速了解竞争对手网站的关键词，为自身网站确定关键词提供依据。例如，图4-3所示为某竞争对手网站的源代码，SEO人员可以通过源代码中的标题、关键词和描述内容了解该网站的关键词。

```
<link rel="https://api.w.org/" href="https://www.×××.com/wp-json/" /><meta name="keywords"
content="Excel,Excel教程,Excel下载,Excel技巧,Excel培训,函数,VBA,Office,Microsoft,Word">
<meta name="description" content="×××是Microsoft技术社区联盟成员，全球极具影响力的华语Excel资
源网站，拥有大量原创技术文章、模板及Excel教程，并提供Excel免费在线培训，Excel学习资源免费下载，数百
万会员在技术论坛参与学习交流。">
```

图4-3　某竞争对手网站的源代码

因为那些排名靠前的，SEO做得比较好的网站，在选择关键词时都会有一些共性的原则——选择那些搜索量大，能够明确代表用户搜索需求的关键词，SEO在选择关键词时，可以以这些网站的关键词作为参考。

3．借助搜索引擎

借助搜索引擎选择关键词也是一种非常好的方法。

① SEO人员可以利用搜索引擎搜索文本框的下拉列表来选择关键词。例如，在百度搜索文本框中输入关键词"Excel培训"后，搜索文本框下会自动弹出一个下拉列表，下拉列表中会显示很多关键词，如图4-4所示。这些关键词通常是最近搜索量较大、频次较高的关键词。

② SEO人员还可以利用搜索引擎的相关搜索来选择关键词。例如，在百度搜索文本框中输入关键词"Excel培训"，然后单击【百度一下】按钮。搜索结果的最下方通常会出现相关搜索，如图4-5所示。出现在相关搜索中的词通常也是搜索量较大、频次较高的关键词。

图4-4 搜索文本框的下拉列表

图4-5 相关搜索

4. 借助扩展工具

SEO人员除了利用前面几种方法外，还可以利用一些扩展工具，根据已有关键词进一步选择关键词。常用的扩展工具有百度关键词规划师、百度指数、站长工具等。通过这些扩展工具，SEO人员可以查询关键词的搜索指数，从而筛选出搜索量高且竞争力低的关键词。

【案例解析】使用站长工具选择关键词

01 登录站长工具网站，在网页中单击【SEO优化】下拉按钮，在弹出的下拉列表中选择【关键词挖掘】选项，如图4-6所示。

图4-6 站长工具

02 打开百度关键词挖掘页面，在搜索文本框中输入"Excel培训"，单击【查询】按钮，如图4-7所示。

图4-7　百度关键词挖掘页面

03 在打开的页面中即可进行不同类型关键词的挖掘。例如，图4-8所示为长尾词挖掘。

图4-8　长尾词挖掘

4.3 网站关键词的布局优化

网站关键词选择好之后，SEO人员还需要将这些关键词合理地布局到整个网站中。关键词的布局是网站优化的基础，合理地布局关键词才有利于优化工作顺利进行。

扫码看视频

4.3.1 网站关键词布局概述

关键词布局就是将关键词合理布局在网站的各个页面中，使网站流量最大化。

网站中的关键词分布一般呈金字塔结构。根据网站关键词的权重，将关键词分布于金字塔的不同位置，如图4-9所示。

1. 核心关键词

核心关键词通常是流量大、转化率高的关键词，也是决定网站定位的关键词，一般被放置在权重最高的首页进行推广，首页关键词的数量一般以3～5个为宜，这不仅有利于SEO人员优化关键词，也有助于提升网站权重。

图4-9　金字塔结构

2. 次要关键词

次要关键词的搜索量通常没有核心关键词大，但是其数量要比核心关键词多。次要关键词一般被放置在网站的频道页或者栏目页。

次要关键词通常可以分为两级。一级次要关键词主要是行业或产品的名称。例如，某图书网站的一级次要关键词可以为"童书""教育""文艺""小说"等。一级次要关键词的特点是简单明了，点击率较高，通常被放置在网站栏目的首页。二级次要关键词是对一级次要关键词的延伸或拓展，搜索量没有一级次要关键词大，但是数量通常比一级次要关键词多。以一级次要关键词"童书"为例，可以延伸出"科普/百科""中国儿童文学""外国儿童文学""幼儿启蒙"等多个二级次要关键词。二级次要关键词主要被放置在网站的频道页或栏目页。

3. 长尾关键词

长尾关键词的流量小，竞争力比较弱，但是数量众多，一般会被放置在权重低、数量多的内容页的头部（网站标题、描述）或文章正文里进行推广。

一般情况下，用户的浏览习惯是从左到右，将重要的标题放置在左侧，这样有利于用户第一眼看到网站想表达的重点信息。同理，在文章页中将重要的信息直接放在标题或者正文头部最显眼的位置，用加粗标签说明也是使其突出的方法之一。

4.3.2 网站关键词的布局原则

网站关键词怎样才能合理地分布到整个网站中呢？SEO人员在对关键词进行布局时，除了要使关键词符合金字塔结构外，还需要遵循以下原则。

1. 符合多数用户的搜索习惯

进行关键词布局的首要工作是了解用户的搜索习惯。虽然每个人的搜索习惯和用词习惯都有些许不同，但是我们要做的是明确大多数人的搜索习惯，因此，前期的用户搜索习惯分析是必不可少的。

2. 首页勿放太多的目标关键词

有的SEO新人可能会觉得首页权重最高，就把大量关键词放到首页，认为这样做网站就可以得到好的排名。其实这是错误的！因为这样的布局，很容易使网站有堆砌关键词的嫌疑，反而会降低网站排名。通常网站内每个网页的核心关键词限定为3～5个。否则，在内容创作、内部链接分配和外部链接的锚点布局时，可能会遇到无法解决的问题，最后的结果还是每个页面只获得2～3个关键词的排名。

3. 切忌把长尾关键词看得过重

SEO人员切忌把长尾关键词看得过重，只要在网站构造分配、内部链接、文章内容页面编写等层面，能想到长尾关键词就可以了。

4. 避免多个页面争做一个关键词

多个页面争做一个关键词是关键词优化过程中经常遇到的问题之一，若网站中存在多个页面目标关键词一样的情况，很容易分散权重。同一个网站竞争的关键词应当仅存在于一个页面中，这样在进行内部链接、外部链接，或者软文撰写时，SEO人员都能精准定位，使权重不容易分散。

4.3.3　网站关键词的密度

网站关键词密度是指关键词在网页上出现的总次数与页面总字数的比例，一般用百分比表示。相对于页面的总字数，关键词出现的频率越高，密度也就越大。例如，一个网页中有100个字符，关键词为2个字符，只出现了1次，那么该关键词的密度是2÷100×100%=2%；如果该关键词在网页中出现了5次，那么关键词的密度就是2×5÷100×100%=10%。

合适的关键词密度有助于提高网站关键词相关性，提升网站关键词的排名。关键词密度过高或过低，都不利于网站优化。

1．*关键词密度过高*

如果一个页面的关键词密度过高，搜索引擎在搜索网站时，就会认为网站有关键词堆砌的嫌疑。网站一旦被搜索引擎判定为关键词堆砌，将会受到严重的惩罚，基本的表现就是降权、取消排名等。所以不要认为关键词越多越好，当一个网站关键词密度过高时，搜索引擎就会适当降低关键词的展现量。

2．*关键词密度过低*

如果一个页面的关键词密度过低，搜索引擎在检索的时候可能会认为网站的页面内容不符合网站中的页面描述。这时我们需要借助网站中文字性叙述比较多的栏目或内容，将关键词合理插入网页内容，以增加关键词在页面中的展现量，达到关键词合理布局的目的。

4.4　网站关键词的流量预估和价值分析

SEO人员确定好关键词及关键词布局之后，还需要对关键词的流量和价值进行预估和分析。

扫码看视频

4.4.1　网站关键词流量预估的方法

预估网站的流量，必须从3个方面着手，如图4-10所示。

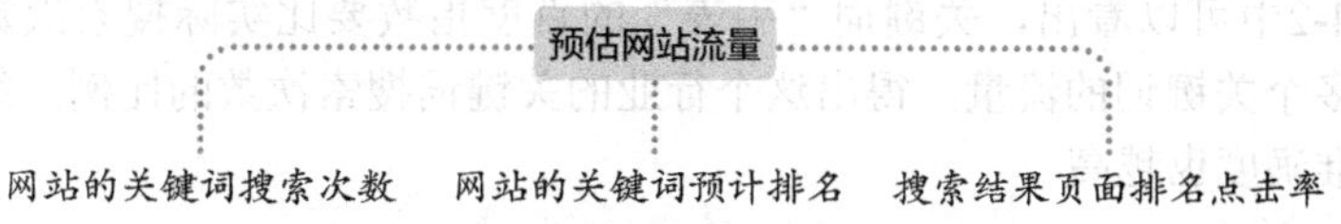

预估网站流量

网站的关键词搜索次数　　网站的关键词预计排名　　搜索结果页面排名点击率

图4-10　预估网站流量的3个方面

要预估网站的流量，首先要确定核心关键词和重点长尾关键词，然后根据关键

4
Chapter

词的竞争力、企业本身的人力、资金投入等，预计网站关键词能获得什么样的排名。需要注意的是，预估流量通常不可能百分之百地达成，不同行业的达成率有高有低。表4-1所示为以关键词"手表"为例进行的流量预估。

表4-1　关键词"手表"的预估流量

关键词	百度月搜索次数	预估排名	点击率	预估百度流量
手表	126400	3	18%	22752
电话手表	57700	6	8%	4616
电话手表报价大全	29400	10	5%	1470
预计每月的总搜索流量				28838
排名达成50%时月搜索流量				14419
排名达成30%时月搜索流量				8651

从表4-1中可以看出，百度月搜索次数×点击率=预估百度流量，将所有关键词的预估流量进行整合就得到网站的月预估流量。

下面来介绍如何统计月搜索次数、预计排名和点击率。

1. 网站的关键词搜索次数

百度指数显示的是搜索指数，但是搜索指数并不等同于搜索次数，因为搜索次数是一个词的月关注度，那么怎样才能获得准确的搜索次数呢？

SEO人员可以找到企业自身网站上已经有不错排名的关键词，通过百度工具统计出这个关键词的实际搜索次数，进而就可以计算出实际搜索次数与百度指数之比，以后只要用这个比例来计算就可以了。表4-2所示为关键词"手表"的百度搜索数据。

表4-2　关键词"手表"的百度搜索数据

排名	3
月实际百度流量	22752
第3位的点击率	15%
实际搜索次数	126400
百度指数	164200
实际搜索次数/百度指数	76.98%

从表4-2中可以看出，关键词"手表"的百度指数要比实际搜索次数高。我们可以对比多个关键词的流量，得出这个行业的关键词搜索次数的比例，统计数据越多，结果准确度也越高。

2. 网站的关键词预计排名

SEO人员根据前面分析的关键词的搜索次数、搜索结果中竞争对手的SEO质量以及SEO人员的配置、资金投入等预估排名的位置。这个工作需要相关人员有比较丰富的经验。

3．搜索结果页面排名点击率

搜索结果页面各排名的点击率与搜索次数一样，也是不准确的。各个行业的点击率都不一样，而且统计点击率还会涉及网站的内容和用户体验，这需要一个团队收集已知关键词排名的位置和真实搜索流量，计算出比较可靠的点击率。统计数据越多，结果准确度也越高。

4.4.2　网站关键词的价值分析

关键词的价值分析也是SEO中，一个不可忽视的环节，关键词的价值与关键词的布局、关键词挖掘等都有着密切关系。对于关键词的价值，我们可以从以下3个方面进行分析，如图4-11所示。

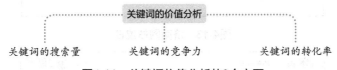

图4-11　关键词价值分析的3个方面

1．关键词的搜索量

SEO人员在进行关键词优化的过程中并不是一帆风顺的，也时常会遇到一些特殊情况，例如，已经把几个关键词优化到首页，但是站点中通过关键词进来的流量却还是寥寥无几。这很可能是因为这些关键词没有真正的搜索量。例如，关键词"济南培训"在百度指数的搜索指数日均值只有56，如图4-12所示，虽然有搜索量，但是很少，这就说明真正搜索"济南培训"这个词的人很少。

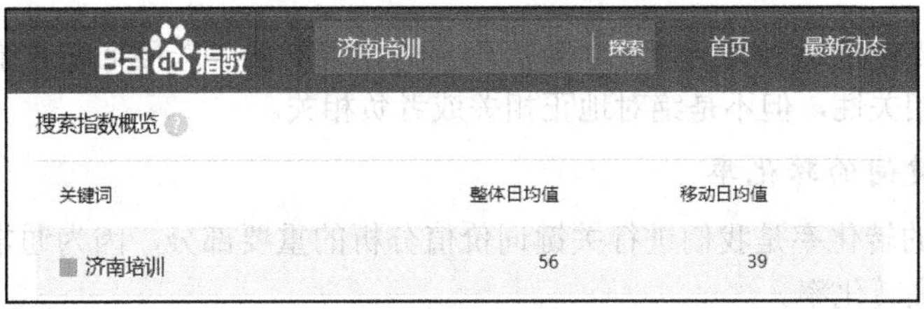

Baidu指数	济南培训	搜索	首页　最新动态
搜索指数概览			
关键词	整体日均值	移动日均值	
■ 济南培训	56	39	

图4-12　百度指数

因此，在关键词的选择上，SEO人员应尽可能选择一些搜索量比较大的关键词，因为通常搜索量越大的关键词，其价值也越大，当然随之而来的优化难度也越大。

2．关键词的竞争力

关键词的搜索量越大，竞争力越强。因此在关键词的选择上，SEO人员必须考虑关键词的竞争力。关键词的竞争力，除了热门关键词竞争外，还包括一些转化率比较高的关键词竞争力。在这些关键词的竞争过程中，SEO人员除了使用正常的优化排名外，还会使用竞价推广。例如，两个关键词"济南网站建设"和"济南网络公司"的搜索量相差不大，但是"济南网站建设"的百度竞价推广很多，而"济南网络公司"的百度竞价推广却几乎没有。这两个关键词的搜索结果。分别如图4-13和图4-14所示。

图4-13　济南网站建设

图4-14　济南网络公司

但是我们不能武断地通过竞价推广的多少来判断两个关键词的竞争力和价值。三者之间有相关性，但不是绝对地正相关或者负相关。

3. 关键词的转化率

关键词的转化率是我们进行关键词价值分析的重要部分，因为通常SEO的最终目标就是提高转化率。

关键词的搜索量、竞争力和转化率都可以体现关键词的一部分价值，但是并不全面。因此我们在做关键词价值分析时，需要综合考虑这3部分的价值。SEO人员可以将多个关键词的这3部分的数据统计到一个表格中，进行综合分析，表格可以参考表4-3。

表4-3　价值分析

关键词	搜索量	竞争力	转化率

拓展阅读：关键词的趋势分析

由于目标用户的需求会随着时间的推移不断变化，关键词的搜索指数也会随之不断变化，因此，SEO人员在进行网站优化时，还需要时刻关注关键词的变化趋势，如果SEO人员优先发现了同行业中的热点关键词，就可以获得较大的竞争优势。

影响关键词趋势的因素有很多，如热点事件、节假日、新兴事物等。

思考与练习

一、填空题

1．网站关键词从概念上可以分为＿＿＿＿＿、＿＿＿＿＿和＿＿＿＿＿。

2．网站关键词的选择原则包括＿＿＿＿＿、＿＿＿＿＿、＿＿＿＿＿和＿＿＿＿＿。

3．常见的网站关键词的选择方法有＿＿＿＿＿、＿＿＿＿＿、＿＿＿＿＿和＿＿＿＿＿。

二、判断题

1．长尾关键词的搜索量相对较小，竞争力较大。（　　　）

2．选择网站关键词时，可以选择与网站毫无关系的热点关键词作为核心关键词，为网站获得流量。（　　　）

3．转化率高的关键词，其价值也一定高。（　　　）

三、单项选择题

1．下列选项中，关于核心关键词的描述正确的是（　　　）。

　　A．网站的主要内容都必须围绕核心关键词来展开

　　B．核心关键词只能有一个

　　C．核心关键词的竞争力不强

　　D．核心关键词可以与网站内容无关

2．下列选项中，关于网站关键词布局的说法错误的是（　　　）。

　　A．核心关键词可以分布在网站的每一个页面中

　　B．长尾关键词一般会被放置在权重低、数量多的内容页进行推广

　　C．核心关键词一般被放置在权重最高的首页进行推广，首页关键词的数量一般以3～5个为宜

　　D．次要关键词通常被放置在网站的频道页或者栏目页

3．下列选项中，关于长尾关键词的说法错误的是（　　　）。

　　A．长尾关键词的搜索量相对较小，但是用户搜索目标比较精准，竞争力较低

　　B．长尾关键词一般会被放置在权重低、数量多的内容页进行推广

　　C．长尾关键词非常重要，在每个页面中都要存在

　　D．长尾关键词是指根据核心关键词衍生的一些词语，一般由多个关键词组合而成

四、简答题

1．简述网站关键词的作用。

2．简述网站关键词的结构（可以用图表展示）。

3．简述关键词的选择原则。

任务实训

任务实训1

实训目的	
帮助读者更好地理解核心关键词、次要关键词和长尾关键词，并学会选择网站关键词	
实训内容	
通过不同的方式和工具确定"Excel函数"的核心关键词、次要关键词和长尾关键词	
实训步骤	
序号	内容
1	借助百度选择核心关键词、次要关键词和长尾关键词
2	借助百度指数选择核心关键词、次要关键词和长尾关键词

任务实训2

实训目的	
帮助读者更好地学习关键词价值分析	
实训内容	
对关键词"PPT培训"和"Office培训"进行价值分析	
实训步骤	
序号	内容
1	搜集这两个关键词的搜索量、点击率和转化率数据
2	综合分析关键词数据，看看哪个关键词价值更大

第5章

网站页面与结构优化

学习目标

√ 掌握网站标题的优化方法。
√ 掌握网站内容的优化方法。
√ 掌握网站内页的优化方法。
√ 掌握网站结构的优化方法。

素养课堂

技能目标

√ 能够对网站的标题、内容、内页及结构进行优化。

5.1 网站标题的优化

网站标题会在浏览器的标题栏中显示，如图5-1所示。

扫码看视频

图5-1　网站标题在标题栏中显示

网站标题是对一个网站的高度概括，它可以告诉浏览者这个网站是做什么的，告诉搜索引擎这个网站的核心竞争力是什么，它标志着网站的定位以及相关关键词的排名。因此，网站标题对于搜索引擎来说是至关重要的，为了使网站标题更好地发挥其作用，我们需要对网站标题进行多方面的优化，如图5-2所示。

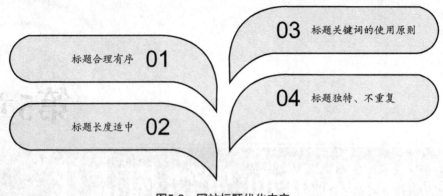

图5-2　网站标题优化内容

5.1.1　标题合理有序

合理有序的标题设置及描述不仅可以引导浏览者浏览，还可以提高被搜索引擎收录的机会与在搜索引擎中的排名。

网站标题如何做到合理有序：一方面标题要言简意赅，并能体现网站的主要内容，另一方面标题要通顺，最好能融入一些关键词，但是需要注意的是，网站标题一定不能由关键词胡乱堆砌而成。

例如，如果将网站标题设置为"网页设计培训"，浏览者一看就知道网站的主要内容；如果其标题为"Untitled Document"，浏览者则无法从中了解网站的内容。

5.1.2　标题长度适中

搜索引擎的搜索结果中显示的网站标题的字数是有限的，一般对标题的字数限制是："60个字符，即30个中文字符"。也就是说，在搜索引擎的搜索结果中标题最多显示30个中文字符，如果超过30个中文字符，多余的部分会被隐藏，以"…"显示，如图5-3所示；如果搜索结果的标题字数在30个中文字符以内，则可以完整显示标题，如图5-4所示。

图5-3　网站标题字数超过30个中文字符　　图5-4　网站标题字数在30个中文字符以内

网站标题的字数越多，通常关键词也越多，如此每个关键词分到的权重就越少，这会影响每个关键词的收录与排名，因此网站标题的字数不宜过多。但是，网站标题也不是越精简越好，过于精简可能会影响浏览者对网站主要内容的了解。所以，网站标题的长度要适中，字数不能过多，也不能过少。

5.1.3　标题关键词的使用原则

网站标题关键词是搜索引擎判断网站页面相关性的重要因素之一，它可以直接影响整个网站页面的排名，对网站排名起着举足轻重的作用。

那么怎样使用关键词，才能使搜索引擎更满意，更有利于网站排名呢？在使用网站标题关键词的时候应该遵循几点使用原则，如图5-5所示。

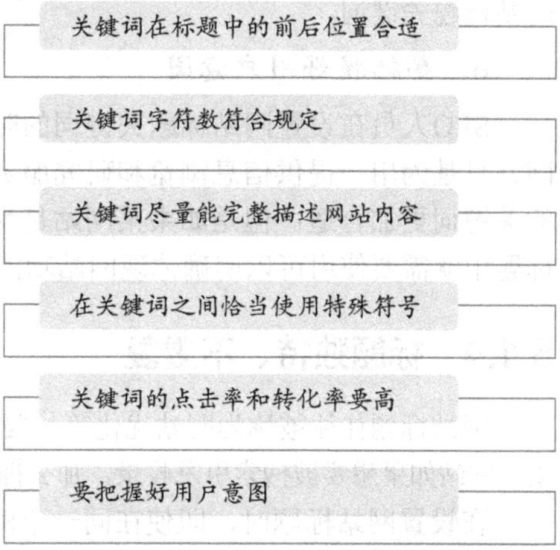

1．关键词在标题中的前后位置合适

网站标题中关键词的前后位置很重要。一般来说，网站标题关键词越靠前，搜索引擎给的权重就会越高，因此，优化难度较大的关键词通常被放在标题的最前面。另外，网站标题中关键词的位置还受用户的需求影响。

关键词在标题中的前后位置合适

关键词字符数符合规定

关键词尽量能完整描述网站内容

在关键词之间恰当使用特殊符号

关键词的点击率和转化率要高

要把握好用户意图

图5-5　网站标题关键词的使用原则

2．关键词字符数符合规定

如前所述，设置网站标题关键词时，关键词的字符数一定要控制在搜索引擎要求的字符数以内，即控制在60个字符（30个中文字符）以内。60个字符以外的关键词都将被浏览器截断，因此设置过多的关键词毫无用处，这就要求SEO人员对于标题关键词有很好的把控，一定要尽可能地做到简洁、精确。

3．关键词尽量能完整描述网站内容

网站标题关键词并不完全是为了优化推广而设置，更多的是让浏览者知道这个网站的内容是什么。所以我们尽可能用60个字符最大化地将网站内容描述完整。

例如，"去屑止痒洗发水"相比"洗发水"更容易吸引用户的眼球，获得更多的点击量。这是因为用户在搜索洗发水的时候一般都会根据自己的需求进行搜索，而不会直接搜索"洗发水"，所以"去屑止痒洗发水"相对更精确。因此在网站标题关键词中设置推荐精准词和相关词，更容易让用户搜索到。

4．在关键词之间恰当使用特殊符号

SEO人员在进行网站标题优化时，经常会忽略一些细节。例如，多行标题设置长短不一，不够美观；或者关键词之间因缺少关联词而不通顺，这些都会影响网站标题的优化效果。

遇到这些情况时，SEO人员可以在网站标题关键词之间使用"_"或"、"，以及"|"等特殊符号将关键词分隔开，这样网站标题的整体视觉效果会更好，可使用户直观了解网站的主题与内容，进一步提升点击率。

5

Chapter

5．关键词的点击率和转化率要高

网站标题关键词还有一个重要作用，就是提升网页的点击率和转化率。

点击率和转化率分析是一个难度较大的工作，SEO人员需要有大量的数据并经过大量实践才能得出较为准确的结果，通常可以通过竞价排名的方式，给网站标题设置不同的关键词来查看页面的点击率和转化率，通过大量的数据对比，最终确定网站标题关键词。

6．要把握好用户意图

SEO人员在设置网站标题关键词的时候，一定要把握好用户的意图。例如，某网站只是为用户提供信息浏览和研究服务，那么网站标题中使用一些比较有说明性的关键词更加合适；但是如果某网站是为用户提供具体产品或服务的，那么在网站标题中就需要使用可以明确体现网站功能的关键词。

5.1.4　标题独特、不重复

网站标题往往被称为网站优化第一要素，也是搜索引擎判断页面相关性的重要因素。网站如果想要被搜索引擎收录，那么拥有一个独特、不重复的标题是非常重要的。

在设置网站标题时，即使在同一个网站内，主题相同，不同页面的标题也不能重复，每个页面需要有独特的标题标签。

最常见的重复标题是因忘记写标题标签而默认使用了编辑软件新建文件标题的标题。在中文页面中经常显示为"未命名文件"，如图5-6所示；在英文页面中则显示为"Untitled Document"，如图5-7所示。

未命名文件
未命名文件夹 搜索 萍水相逢与血浓于水 萍水相逢与血浓于水的距离,很多人形容为千锤万剐,但事实上又何止于千锤万剐一词, 曾经萍水相逢时的温纯静好,经过岁月,历尽风霜...

Untitled Document
文字是人类文明出现起发展至今,经历了不同的发展阶段,其研究视角也从单一逐渐发展为多元。文字存在的普遍性决定了文学解读的多样性,随着社会的快速发展,文学创作者...

图5-6　中文页面忘记写标题标签　　　　图5-7　英文页面忘记写标题标签

5.2　网站内容的优化

网站是否可以在搜索引擎中获得较好的排名与网站的内容质量关系密切。搜索引擎会判断网站内容质量是否高、是否对用户有帮助、是否可以解决用户的问题、是否经常更新等。那么，网站的内容页面应该怎样优化呢？内容页面优化技巧有哪些呢？

5.2.1　网站内容建设的原则

要做好网站内容建设，首先需要站长用心，并具备持之以恒的精神，还要结合用户的心理需求以及兴趣、喜好创作内容。网站内容建设可以遵循以下几项原则，如图5-8所示。

扫码看视频

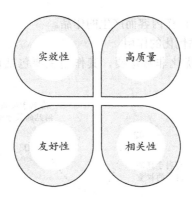

图5-8 网站内容建设的原则

1．高质量

高质量的网站内容才是网站在搜索引擎中获得较好排名的法宝。如果一个网站内都是随便拼凑采集、没有吸引力的信息，那么这个网站是很难受到浏览者喜欢的，更不会在搜索引擎中获得较好的排名。

2．相关性

站长在进行网站内容建设时，要确保内容都是与网站主题相关的，这不仅可以提高网站内容的相关性，也可提升网站整体的相关性，便于网站不断深化内容。

如果站长为了让自己的网站内容与众不同，选择一些和网站主题毫不相关的内容，或许这些标新立异的内容短时间内能博取人们的眼球，但不会提高网站转化率，还可能误导浏览者，导致他们对网站的形象判断产生误差。因此，在进行网站内容建设时，一定要确保内容的相关性，防止网站变成一个"杂货铺"。

3．友好性

友好性指的是网站的用户体验，其评价标准通常包括网站的打开速度是否流畅，用户能否准确、快速地获取他们所需要的信息等。

4．实效性

互联网正在动态地发展，网站营销的环境也是不断变化的，因此网站的内容建设也需要随时变化，不断更新。

5.2.2 网站内容的制作

网站内容可以分为两类：原创内容和伪原创内容。网站内容的制作就是对以上两类内容的制作。

1．原创内容

（1）原创内容的概念

原创内容是作者独立完成的创作内容。原创内容不属于歪曲、篡改他人创作内容或者抄袭、剽窃他人创作内容而产生的作品，亦不属于改编、翻

扫码看视频

译、注释、整理他人已有创作内容而产生的作品。

（2）原创内容对网站优化的作用

原创内容对于网站优化非常重要，其作用主要包括以下几个方面，如图5-9所示。

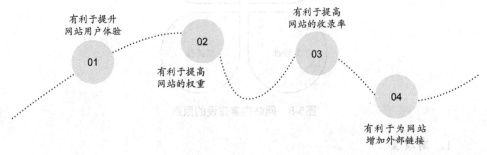

图5-9　原创内容的作用

① 有利于提升网站用户体验

用户访问网站的目的是找到自己想要的信息，原创内容不仅是蜘蛛程序的最优推荐方向，而且有利于提升网站的用户体验。如果用户进入网站后看到的内容是其在其他网站中看过多次的，那用户就会觉得这个网站没有价值，甚至会反感该网站，自然不会在该网站多做停留；相反，如果网站的内容都是原创的，用户获得了其他网站没有的信息，那么用户就会不自觉地在网站停留，甚至收藏网站，如此用户的体验好感度自然就大大提升了。

② 有利于提高网站的权重

在这个"内容为王"的时代，搜索引擎对于内容质量的判断标准明显更高。蜘蛛程序对原创内容也是尤其偏爱。蜘蛛程序在获取一个网站时，通常会将其从未收录的内容作为原创内容，并给予较高的权重，一个网站中原创内容越多，其权重通常也越高。网站如果想要提高权重，就需要坚持更新原创内容，如果网站中高质量的原创性文章占比较高，那么网站的权重一定会慢慢提高。网站权重越高，网站在搜索引擎上的关键词排名也就会越来越高。

③ 有利于提高网站的收录率

对于搜索引擎来说，原创内容更容易被收录，而重复的内容不会被收录（就算被收录了也可能被删掉），所以网站想要提高收录率，就要坚持做高质量的原创内容。网站被收录的页面越多，那长尾关键词有排名的概率就越大。

④ 有利于为网站增加外部链接

不管是搜索引擎还是用户都喜欢原创内容。当网站的原创文章质量足够高时，其就可能被转载。而被转载的文章上带有文章出处，可为网站增加外部链接。

（3）原创内容的撰写

即使网站中的文章是原创的，也不一定会被搜索引擎收录。若文章的观点与其他网站的相似或雷同，或者文章内容无时效性、受众较少，这些都会导致文章被搜索引擎判定为低质量原创文章，价值极低，被收录的可能性较低。因此，我们在撰写网站原创内容的时候，还需要保证内容质量足够高。

①标题

好的原创文章必须有好的标题，好的标题可以吸引读者阅读。文章即使内容再棒，标题不好也不足以吸引人。在做文章的标题设计时，主要基于以下两个原则。

标题包含关键词。我们需要根据文章内容细化核心关键词，并进行有效检测，了解是否有一定的百度指数。如果没有，则需要利用一些语义相关且具有一定搜索量的关键词进行有效替代。另外，还可以对竞争对手网站的关键词进行分析，确定适合自身网站而又有一定热度的关键词，将其插入标题，还要分清楚主关键词和次关键词的顺序并组合在一起。

标题具有吸引力。在保证文章标题与内容高度相关的前提下，我们还需要保证标题具有足够吸引力来吸引用户阅读。使标题更具吸引力的方法有以下几种，如图5-10所示。

简单明了，直击内容核心	→	一方面，标题要简单明了地阐明文章内容的核心；另一方面，重要内容放在标题的左侧，以便读者能够一眼就看出核心内容，为读者节省时间成本。
一个吸引人的标题需要做到含而不露、点到为止，不仅要使人对其产生好奇心，给人一种不得不看的感觉，而且要适当追逐热点内容，通过与热点内容关联吸引用户。	← 含而不露、点到为止	
匹配关键词，增加排名	→	标题中的匹配关键词不仅可以增加网站的权重，还可以使标题通过标题匹配获得排名流量，让搜索的用户更容易找到这些内容。核心关键词加上一系列辅助词组合的标题，通常可以扩大关键词的搜索范围并吸引用户的注意力。例如，核心关键词加上一个或两个相关的长尾关键词。

图5-10　使标题更具吸引力的方法

②正文

好的原创文章的正文不仅要与网站主题相关，还要符合用户搜索的需求，具有搜索参考价值性。因此，撰写原创文章的正文时，可以分三步进行，如图5-11所示。

图5-11　正文撰写三步走

列提纲。在撰写正文之前列一个提纲是非常不错的选择，一方面可以使我们厘清写作的思路，另一方面可以防止正文内容脱离主题。

找素材。原创内容并不是说不可以参考任何素材资源，俗话说"巧妇难为无米之炊"，因此，在撰写正文之前，也需要寻找一些相关的素材。下面介绍几种常见的搜集素材的方法，如图5-12所示。

撰写。搜集好素材之后，就可以开始撰写了。撰写文章时，需注意其内容要符合逻辑，通俗易懂，且尽量不使用专业术语。因为用户若不了解这些专业术语，就很有可能离开网站。

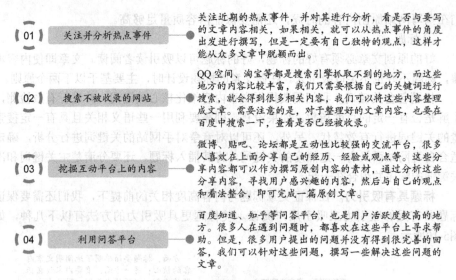

图5-12　搜集素材的方法

2. 伪原创内容

　　搜索引擎侧重于推荐原创内容，如果原创内容的质量好，搜索引擎给的权重就会很高，就可以为网站带来更多的流量。但是原创内容的创作难度也较大，很多人无法在短时间内撰写出高质量的原创文章，这时，对转载的内容进行修改，使搜索引擎认为这篇文章是"原创"的，从而将其收录也是一种方法。但由于伪原创内容的方法存在侵权的可能性，不建议读者采用，本书不进行深入讲解。

5.2.3　网站内容的更新

　　如果一个网站长期不更新，无论是用户还是搜索引擎，都会对其失去兴趣，因此网站要想持续存在和发展，就必须持续更新。

1. 持续更新的重要性

　　持续更新对用户、搜索引擎和SEO人员来说，都是非常重要的，如图5-13所示。

扫码看视频

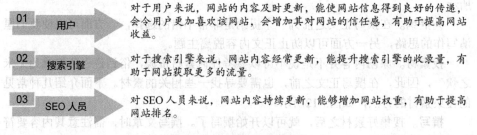

图5-13　持续更新的重要性

2. 更新的频率

网站上线后，想要获得好的排名，当然离不开网站维护。说起网站维护，大家首先想到的可能就是内容的更新，内容更新的频率代表着网站的活跃度，内容更新的频率越高，往往意味着网站内容越丰富，能够吸引的用户也越多。对于大多数网站来讲，网站建设者的精力是有限的，不可能做到每天更新很多内容，一般每天发布1～2篇文章即可。切记，不要隔半个月或者一个月才更新一次，并且一次更新很多内容会对SEO产生过多负载，进而导致信息处理速度降低。另外，不要直接转载其他网站中的文章，这样不仅会降低自身网站的相关质量，而且有些文章中还含有超链接，转载后会增加网站导出的链接，加大SEO的负载。

5.3　网站内页的优化

通过域名访问网站时，用户直接看到的是首页，内页是指二级页面或者进一步点击看到的内容。网站内页是网站的基本元素，对网站排名有重要影响，网站内页优化是SEO（搜索引擎优化）的重要组成部分。

5.3.1　网页3大标签的优化

网页的三大标签主要是指：标题（title）、描述（description）、关键词（keywords），网页的三大标签对于搜索引擎优化至关重要，它们是被用来告诉搜索引擎我们的网站主要是做什么的。因此，网页的三大标签优化对于网站优化也是非常重要的。

扫码看视频

1. 网页标题优化

标题是网页优化最重要的因素之一，网页源代码中的<title>标签是用来设置网页标题的，如图5-14所示。

```
<head>
<meta charset="utf-8">
<meta name="renderer" content="webkit">
<meta http-equiv="X-UA-Compatible" content="IE=edge">
<meta name="viewport" content="width=device-width, initial-scale=1">
<title>人民邮电出版社</title>
```

图5-14　网页源代码中的<title>标签

在搜索结果的页面中，搜索引擎会将网页标题作为超链接显示在搜索结果中，如图5-15所示。

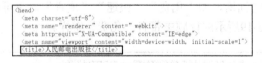

图5-15　网页标题显示在搜索结果中

是否可以帮助用户更好地从搜索结果中找到符合要求的网页内容，是判断网页标题好坏的重要依据。设置网页标题时，应注意以下几个方面，如图5-16所示。

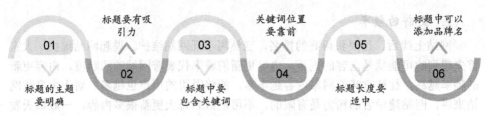

图5-16　设置网页标题时的注意事项

（1）标题的主题要明确

网页标题的主题一定要明确，要能将网页的主要内容清楚地表达出来。如果网页标题与网页的内容相去甚远，那么搜索引擎就会认为网站在欺骗用户，这样网页不仅无法获得搜索引擎的好感，甚至还会受到惩罚，更不会被收录。例如，图5-17中的网页标题与网页内容相符，图5-18中的网页标题则与网页内容不符。

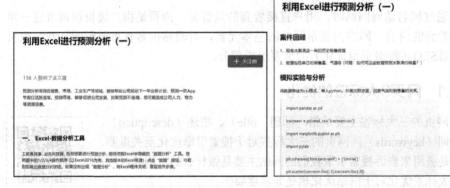

图5-17　网页标题与网页内容相符　　　　图5-18　网页标题与网页内容不符

（2）标题要有吸引力

标题是一个网页的窗口，好的网页标题可以吸引用户点击。标题中可以添加一些对用户有吸引力的词语，如"免费""快速""便宜"，也可以加一些特殊字符"★"，例如，图5-19所示的标题中带有"免费"字样。

> 免费PPT模板,PPT模板下载,幻灯片模板- 51PPT模板网
> 下载说明:本站所涉及提供的PPT模板、PPT图片、PPT图表等资源素材大多来自PPT设计大师
> (PPT原创作者个人)授权发布作品、PPT设计公司免费作品、互联网免费共享资源...

图5-19　标题中带有"免费"字样

（3）标题中要包含关键词

对于网页的搜索，一般都是通过关键词实现的，因此网页标题一定要结合关键词，这是最基本的条件，通常标题中含有1～2个关键词为最佳。例如，网页主题是"Excel函数"，那么网页标题中就要含有"Excel函数"这样的关键词，如图5-20所示。

（4）关键词位置要靠前

在可能的情况下，目标关键词和重点关键词应该出现在标题标签的最前面。根据一些统计调查发现，关键词在标题中出现的位置与排名有比较大的相关性，关键词位置越靠前，通常排名就越好。例如，网页中"Excel函数"是重点关键词，"实战技巧"是第二重要的关键词，那么标题中从左到右的顺序是，先出现重点关键词"Excel函数"，再出现第二重要的关键词"实战技巧"，如图5-21所示。

Excel函数公式大全- 360文库 热门	Excel函数与公式实战技巧- 好知网-重拾学习乐趣
优质文档　上传时间: 2020-08-26	Excel函数与公式实战技巧 课时:(11) 学员:(1027) 浏览:(23014) 加入课
Excel常用函数公式及技巧搜集（常用的）从身份证信息？提取）从身份证号码中提取出生年月	程 课程简介 这个课程是一个函数综合运用实例，展示了如何仅仅利用
日=TEXT(MID(A1,7,6+(LEN(A1)=18)*2),"#-00-00")+0=TEXT(MID(A1,7,6+(LE...	Excel的函数与公式，就能够打造一个功...

图5-20　标题中要包含关键词　　　　　图5-21　关键词位置要靠前

（5）标题长度要适中

网站的标题长度要适中，才能提升网站排名。标题长度需要根据关键词来设置，并且不断地进行优化。

如前所述，目前，各大搜索引擎要求标题显示的长度一般为60个字符（即30个中文字符的长度）。如果标题字数超过这个范围，后面的文字就被截断显示不出来，如图5-22所示，这样搜索引擎也会不喜欢，而且过长的标题的针对性一般不强。而如果标题字数太少，不利于抢占更多的长尾关键词排名，如图5-23所示。因此标题要重点突出，控制好字数，不能太长也不能太短。

Excel2010函数与公式实战技巧精粹 Excel函数与公式实战技...	函数
大小: 164.17MB　更新时间: 2018年03月29日	发布时间: 2014-09-13　点赞人数: 2
简介: Excel 2010函数与公式实战技巧精粹 Excel 2010函数与公式实战技巧精粹	1. ABS函数 函数名称:ABS 主要功能:求出相应数字的绝对值。使用格式:ABS(number) 参数
Excel2010函数 2018-03-29 上传大小:164.17MB	说明:number代表需要求绝对值的数...

图5-22　标题太长　　　　　　　　　图5-23　标题太短

（6）标题中可以添加品牌名

如果网站已经在某个领域有了一定的知名度，其站名已经成为一种品牌，就可以将该品牌名体现在标题中，因为用户在面对众多搜索结果时，更倾向于选择点击自己熟知的网站提供的信息。例如，图5-24所示的标题中就添加了"人民邮电出版社"这个品牌名。

Excel 2010从入门到精通(2013年版)- 人民邮电出版社.pdf-电子书在线...
Excel 2010从入门到精通由×××编著人民邮电出版社北京青苗Excel 2010是一款专业的电子表格制作软件,集生成电子表格、输入数据、函数计算、数据管理...

图5-24　标题中添加品牌名

添加品牌名时要注意品牌名和关键词的顺序。如果你想打造企业品牌，把品牌名放在最前面，是无可厚非的。但如果你主打的是某一个产品，把品牌名放在前面就有点偏离重点了。

2.　网页描述优化

随着互联网的快速发展，网站的竞争也越来越激烈，网站想要在多样化的网络环境中脱颖而出，不仅需要有吸引人的网页标题，还需要有夺人眼球的网页描述。

扫码看视频

（1）网页描述的定义

网页描述（description），简单来说就是网页的简介，可以通过搜索引擎的搜索页显示出来，和网页标题并称为网页的“门面”。经过优化的网页描述也是吸引用户浏览的重要因素，因此网页描述的优化对于搜索引擎优化来说，也是至关重要的。网页描述通常就是显示在搜索结果页面标题下方的内容，如图5-25所示。

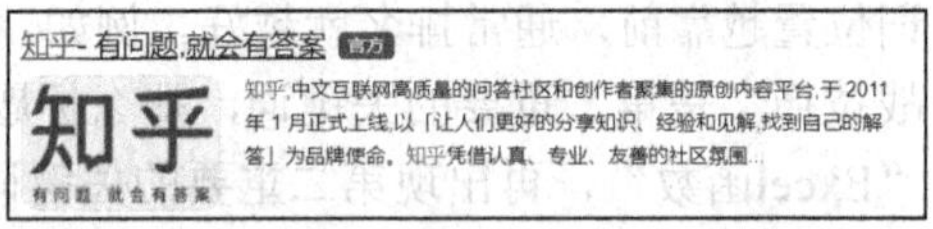

图5-25 搜索结果页的网页描述

在网页源代码中，可通过<meta>标签的“description”属性值来设置网页描述。例如，图5-26所示为知乎网页源代码中的网页描述。

```
<html lang="zh" data-hairline="true" data-theme="light"><head><meta charSet="utf-8"/><title data-rh="true">首页 - 知乎</title><meta name="viewport" content="width=device-width,initial-scale=1,maximum-scale=1"/><meta name="renderer" content="webkit"/><meta name="force-rendering" content="webkit"/><meta http-equiv="X-UA-Compatible" content="IE=edge,chrome=1"/><meta name="google-site-verification" content="FTeR0c8ar0PKh8c5DYh_9uu98_zJbaWw53J-Sch9MTg"/><meta name="description" property="og:description" content="知乎，中文互联网高质量的问答社区和创作者聚集的原创内容平台，于 2011 年 1 月正式上线，以「让人们更好的分享知识、经验和见解，找到自己的解答」为品牌使命。知乎凭借认真、专业、友善的社区氛围、独特的产品机制以及结构化和易获得的优质内容，聚集了中文互联网科技、商业、影视、时尚、文化等领域中具有创造力的人群，已成为综合性、全品类、在诸多领域具有关键影响力的知识分享社区和创作者聚集的原创内容平台，建立起了以社区驱动的内容变现商业模式。"/><link data-rh="true" rel="apple-touch-icon" href="https://static.zhihu.com/heifetz/assets/apple-touch-icon-152.a53ae37b.png"/><link data-rh="true" rel="apple-touch-icon" href="https://static.zhihu.com/heifetz/assets/apple-touch-icon-152.a53ae37b.png" sizes="152x152"/><link data-rh="true" rel="apple-touch-icon"
```

图5-26 知乎网页源代码中的网页描述

（2）网页描述的撰写

网页描述对搜索引擎优化有着不可忽视的作用。撰写网页描述应该注意以下几点。

① 网页描述的长度要合理

网页描述一般不超过200个字符（即100个中文字符），尽量选用简短的术语。撰写时讲究抓住网站中心内容，而不是一味地赘述。

② 网页描述要适当突出关键词

网页描述是搜索引擎了解网站的重要窗口，所以在网页描述的适当位置突出关键词对网站排名是非常有利的。在网页描述中，将标题中的核心关键词融入其中，可以更好地引导搜索引擎准确定位网站，另外，还可以在网页描述中添加一些次要关键词，以增加网页的收录率。但是，凡事都应该有个度，一味地大量堆砌关键词，不仅对搜索引擎优化没有促进作用，还容易让搜索引擎误认为网站作弊。

③ 网页描述的语句要通顺连贯

要使网页描述能吸引用户点击，就要在撰写网页描述时注重用户体验，确保语句通顺连贯，不仅能准确概括网页的内容，还要能准确概括网页的内容。

④ 每个分页的页面描述要不同

不能将一个个网站所有分页的页面描述都设置成相同的，不同分页都应该对应不同的网页描述。因为不同分页的内容不同，如果使用相同的描述，不利于搜索引擎的抓取和收录。但并不是说一个网站的所有网页都需要设置网页描述，我们只对一些重要页面进行描述即可，如首页、专栏页、专题页等。例如，图5-27所示为新浪首页在网页源代码中的网页描述；图5-28所示为新浪“意见领袖”专栏页在网页源代码中的网页描述；图5-29所示为"新浪科技"专题页在网页源代码中的网页描述。

```
<html>
<head>
<meta http-equiv="Content-type" content="text/html; charset=utf-8" />
<meta http-equiv="X-UA-Compatible" content="IE=edge" />
<title>新浪首页</title>
<meta name="keywords" content="新浪,新浪网,SINA,sina,sina.com.cn,新浪首页,门户,资讯" />
<meta name="description" content="新浪网为全球用户24小时提供全面及时的中文资讯，内容覆盖国内外
突发新闻事件、体坛赛事、娱乐时尚、产业资讯、实用信息等，设有新闻、体育、娱乐、财经、科技、房产、汽
车等30多个内容频道，同时开设博客、视频、论坛等自由互动交流空间。" />
```

图5-27　新浪首页的网页描述

```
<html>
<head>
<link rel="mask-icon" sizes="any" href="http://www.sina.com.cn/favicon.svg" color="red">
<meta charset="utf-8">
<meta name="viewport" content="width=1200" />
<meta http-equiv="Content-Security-Policy" content="upgrade-insecure-requests">
<title>意见领袖_新浪财经_新浪网</title>
<meta name="keywords" content="意见领袖,新浪财经,新浪网">
<meta name="description" content="《意见领袖》是新浪财经领道重点打造的高端品牌专栏栏目，目前共
有专栏作家500余位，专栏涵盖宏观、金融、理财、职场等诸多方面，专栏作家来自全球30多个国家和地区。" />
```

图5-28　新浪"意见领袖"专栏页的网页描述

```
<html>
<head>
<meta http-equiv="Content-type" content="text/html; charset=UTF-8" />
<title>新浪科技_新浪网</title>
<meta name="keywords" content="科技,IT科技,科技新闻,互联网,移动互联网,电信,手机,iPhone,Android,软件
应用,数码产品,笔记本,平板电脑,iPad,数码相机,DV,硬件,科学探索">
<meta name="description" content="新浪科技是新浪网最重要频道之一，24小时滚动报道IT业界、电信、互联
网、科学探索资讯，及时准确传递有价值内容。新潮手机、数码产品上手体验，带你玩转科技世界。">
```

图5-29　"新浪科技"专题页的网页描述

3. 网页关键词优化

网页关键词指的是网页源代码中"Keywords"属性值中的关键词。网页关键词是根据网页的主题和内容选择的，是易于用户通过搜索引擎搜索的词语。例如，图5-30所示为新浪某网页的"Keywords"标签。

```
<html>
<head>
<meta charset="UTF-8">
<title>新浪图片_看见</title>
<meta name="keywords" content="新浪图片,看见,中国,故事。" />
```

图5-30　新浪某网页的"Keywords"标签

对网页关键词有了基本的了解后，接下来再来看一下如何对网页关键词进行优化。

① 关键词的选择

关键词应该选择易于检索的，过于生僻的词汇不适合作为关键词。另外，选择页面关键词时尽量避开热门关键词，最好选择长尾关键词。虽然长尾关键词的搜索量不大，但是它所能带来的用户流量较为精准，这对网站排名的上升有一定的帮助。

② 关键词的密度

通常一个网页的关键词标签中包含3~5个关键词，能够体现网页的主要内容即可。关键词一般不要超过5个，太多的关键词容易使搜索引擎降低网站的权重。

③ 关键词的布局

一定要确认使用的关键词在正文内容中出现，另外，不同网页的关键词也应该有所不同。

5.3.2　Heading标签优化

1. Heading标签的概念

Heading标签，又称为H标签，是网页HTML中对文本标题所进行的着重强调的一种标签。

Heading标签一共有<h1><h2><h3><h4><h5><h6>六种，按照从大到小的顺序，其重要性下降，权重也依次下降，如图5-31所示。

扫码看视频

Heading标签是成对出现的，以<h>开始，以</h>结束。这种布局原则上能让页面的层级关系更清楚，让搜索引擎更好地抓取和分析页面的主题内容等。网页源代码中的Heading标签通常以<h1>显示，如图5-32所示。

图5-31　Heading标签层级　　图5-32　Heading标签层级效果

<h1>一般用来修饰网页的主标题，如网页的标题，<h1>中通常部署核心关键词。<h1>尽量靠近HTML中的<body>标签，越近越好，以便让搜索引擎更快了解主题。

<h2>表示一个段落的标题，或者副标题，通常部署长尾关键词。

<h3>表示段落的小节标题，一般用在段落小节。

<h4>~<h6>基本很少用到，用于告诉搜索引擎这些不是很重要的内容。当一篇文章内容较多的时候，可以用来说明一些内容不是很重要的信息。

2. Heading标签的作用

Heading标签作为HTML源代码中的标题标签，其作用可以从用户和搜索引擎两个方面进行介绍。

（1）对用户的作用

Heading标签共六种，从<h1>~<h6>，所显示的标题文本由大逐渐变小，使文章更有层次感和条理性。对于网站的用户来说，Heading标签更利于用户辨别文章的重点，可以节约用户阅读的时间成本，提高网站内容的可读性，从而提高用户对网站的友好性。

（2）对搜索引擎的作用

Heading标签对于搜索引擎来说，最主要的作用就是可以引导、提示蜘蛛程序，所抓取网站的页面中哪些关键词是重要的，毕竟蜘蛛程序对于网站文字的理解能力不可能像人一样准确。在蜘蛛程序抓取网站的时候，会优先查看网站的权重标签，通过Heading标签的标注，蜘蛛程序能够快速地了解网站的结构布局，以及网站中主要的内容，并且赋予权重。如果我们想让文章中的某些关键词获得好的排名，可以使用Heading标签来有效增加关键词的权重。

3. 使用Heading标签的注意事项

为了突出目标关键词，在使用Heading标签时，应该注意以下几点。

① 每个网页只能拥有一个<h1>

<h1>在一个页面中只能使用一次，因为<h1>是权重最高的，代表的是一个网页的主标题，但是<h2>～<h6>则可以多次、分层次地使用，以使网页的内容变得有层次。

② Heading标签与内容要有相关性

虽然从网站SEO的角度来看，Heading标签所强调的标题可能是文章的分论点，或者一个长尾关键词，但是切记Heading标签是一个标题，我们在使用时需要考虑其与下文内容的匹配度，切不可随意使用。

5.3.3 图片alt属性的优化

在做网站优化的时候，好的内容是优化的核心，而图片是可以给内容加分的。但蜘蛛程序不识别图片，我们就要通过图片的alt属性来告诉搜索引擎，这个图片代表的是什么。

扫码看视频

1. 图片alt属性的概念

图片alt属性是用来对网页上的图片进行描述的，是为了让蜘蛛程序识别图片内容而产生的代码。网页源代码中图片的alt属性如图5-33所示。

```
<img src="https://file.ryjiaoyu.com/SmallCover/211136917bcbebc6fe31"
alt="短视频策划、拍摄与制作（微课版）" class="lazy">
```

图5-33　网页源代码中图片的alt属性

2. 图片alt属性的作用

（1）帮助用户了解未加载图片的内容

当网页中的图片由于某种原因不能够被加载时，图片的位置上会显示alt属性的内容，帮助用户大致了解图片的内容。例如，图5-34所示为图片正常被加载时的显示效果，图5-35所示为图片未被加载时，alt属性的显示效果。

发展历程

2000年，出现按点击付费(Pay-Per-Click)的搜索引擎关键词广告模式。

2001年，部分分类目录(中文)开始收费登录，每个网站每年要缴纳数百元到数千元不等的费用。

2002年，国内陆续有人涉足SEO这一领域。

2003年，出现基于内容定位的搜索引擎广告(Google AdSense)。

2004年，国内潜伏的SEO开始浮出水面，SEO队伍逐步壮大。SEO市场处于混乱无序、违规操作、恶性竞争的状态。大多数SEO公司采取个人作坊式经营，公司运作规模小。SEO培训市场诞生。

2006年，随着网络市场竞争白热化，企业对网络公司的业务和网络产品有了新的认识，企业开始理智地对待网络营销市场，随着百度竞价的盛行，企业也认识到了搜索引擎的重要性，同时很多SEO服务公司随之诞生。

SEO

图5-34　图片正常被加载时的显示效果

发展历程

2000年，出现按点击付费(Pay-Per-Click)的搜索引擎关键词广告模式。

2001年，部分分类目录(中文)开始收费登录，每个网站每年要缴纳数百元到数千元不等的费用。

2002年，国内陆续有人涉足SEO这一领域。

2003年，出现基于内容定位的搜索引擎广告(Google AdSense)。

🖼seo

2004年，国内潜伏的SEO开始浮出水面，SEO队伍逐步壮大。SEO市场处于混乱无序、违规操作、恶性竞争的状态。大多数SEO公司采取个人作坊式经营，公司运作规模小。SEO培训市场诞生。

2006年，随着网络市场竞争白热化，企业对网络公司的业务和网络产品有了新的认识，企业开始理智地对待网络营销市场，随着百度竞价的盛行，企业也认识到了搜索引擎的重要性，同时很多SEO服务公司随之诞生。

图5-35　图片未被加载时，alt属性的显示效果

（2）增强内容的相关性

图片alt属性实质上就是替代文本，很多时候我们为了页面美观，可以把alt属性部分的文字介绍放在图片上，借用alt属性介绍产品内容，以增强其与特定关键词的相关性。

（3）提高关键词密度

在图片alt属性中添加的内容，一般都是页面关键词的内容。由此可见，图片alt属性可增加页面关键词的密度，有利于提升关键词排名。

3. 添加图片alt属性的注意事项

为图片添加alt属性时，应该注意以下几点。

① 虽然图片alt属性的文本字符数没有限制，但是不宜过长，建议不要超过20个字符，不要添加多个关键词。

② 图片alt属性的文本内容建议与图片所表达的内容一致，切忌"张冠李戴"。

③ 不是网页中所有的图片都需要设置图片alt属性，我们针对重要的图片进行设置即可。

【案例解析】为图片添加 alt 属性

alt属性在html语言中的写法通常是这样的：

```
<img src="图片路径"alt="图片描述">
```

为图片添加alt属性的方法很简单，只需要在网页源代码中找到图片对应的
<img>标签，添加alt属性即可，如图5-36所示。

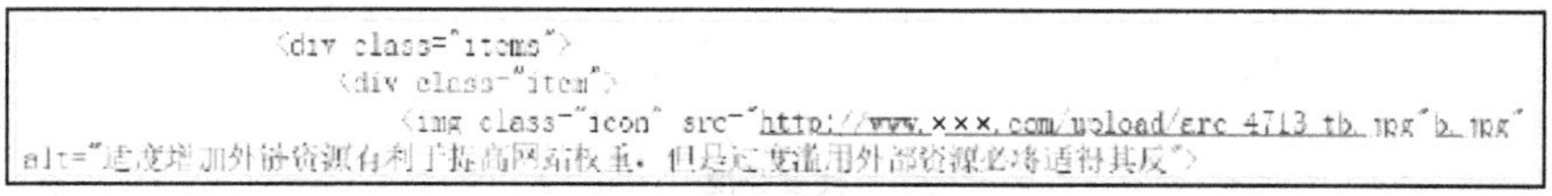

图5-36　设置图片alt属性

为了帮助大家更好地了解为图片添加alt属性的相关知识，下面通过一个具体实例来看一下alt属性。打开华为官网，按<F12>键打开其代码窗口，可以看到华为Logo图片的alt属性，如图5-37所示。

图5-37　华为Logo图片的alt属性

5.4　网站结构的优化

网站结构通过优化可以变得更加合理。合理的网站结构，能向搜索引擎准确表达网站的基本内容及内容之间的层次关系，可以使用户在浏览网站时更方便地获取信息。

5.4.1　网站结构优化的目的

网站结构优化是SEO的基础，想要学好网站结构优化，需要首先了解网站结构优化的目的。关于网站结构优化的目的，我们可以从以下几个方面进行分析，如图5-38所示。

扫码看视频

Chapter

5

图5-38　网站结构优化的目的

（1）用户体验

网站结构优化的目的之一是让用户有更好的体验。用户浏览网站不但需要知道网站的主题内容是什么，还要清楚地知道自己处于网站的什么位置，怎样返回某一页面，以及怎样进行下一步的操作才能继续进行相应的浏览等。要想实现这样一种优化目的，我们就需要打造一个用户体验感好的网站，如良好的导航设置、合理的内链布局、准确的关键词相关性布局等。

（2）页面收录

网站页面能否被收录很大程度上依靠良好的网站结构。搜索引擎也可以看作一个浏览用户，因此，通常用户体验感好的网站也是搜索引擎侧重推荐的网站，用户在网站上的浏览数据和行为方式也同样会被搜索引擎作为网站排名算法的依据。清晰的网站结构可以增加蜘蛛程序的抓取概率，从而增加网站页面的收录率。

（3）权重分配

网站本身的结构和链接关系是网站内部页面权重分配的重要因素。为了有效地进行权重分配，让转化率高的重要页面得到更多的权重，SEO人员必须有意识地规划好网站所有页面的重要程度，既要使所有页面都有基本权重，又要通过链接结构把权重更多地导向重要页面。

5.4.2　网站结构优化的类型

扫码看视频

网站结构就是网站的打开方式，按照其逻辑和物理结构，可以分为树状结构和扁平结构。对于网站结构优化，我们也可以从树状结构优化和扁平结构优化两个方面进行。

1. 树状结构优化

（1）树状结构的概念

树状结构是指将网站中的网页文件按照类别及从属关系保存到不同文件夹和子文件夹中。如果将网站比作一棵枝繁叶茂的大树（大树由树干、主枝、分枝和叶子

4部分组成），网站主页则相当于大树的树干，二级栏目相当于大树的主枝，三级、四级栏目（一些简单的企业网站可能会省略三级、四级栏目）相当于大树的分枝，各栏目的分页或最后一页相当于大树的叶子，所有这些都是决定关键词排名的因素。树状结构展示图如图5-39所示。

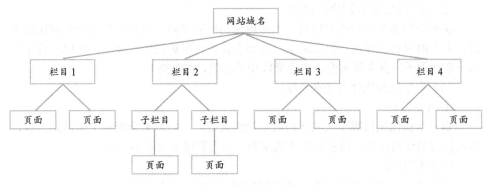

图5-39　树状结构展示图

（2）树状结构的特点

树状结构的特点是类别层次清晰，识别度高，方便站长进行管理和维护，也便于搜索引擎在处理网站的内部链接时传递权重。

（3）树状结构的适用网站类型

树状结构通常更适合内容类别多、内容量大的综合性网站，如百度知道。

（4）树状结构优化的注意事项

树状结构相对复杂，在优化时要注意以下几点。

① 网站首页与所有频道主页链接，对于重点推荐频道，可以在首页适当增加合适的描述性文字、带有关键词的文字链接。

② 首页除链接着重表现的页面或最近更新的页面外，尽量不要对站内其他页面做过多链接，以免降低首页权重。

③ 所有页面都必须与网站首页链接和本频道主页链接。页面和页面之间没必要链接，链接以关键词作为锚文本。

④ 频道主页之间保持密切链接，每个频道都能通过一次点击到达任意频道。

2. 扁平结构优化

（1）扁平结构的概念

扁平结构是指网站的所有页面都保存在网站根目录下。扁平结构展示图如图5-40所示。

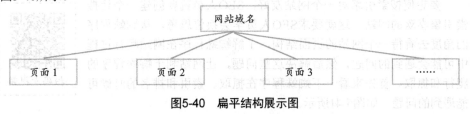

图5-40　扁平结构展示图

（2）扁平结构的特点

扁平结构的特点是抓取效率高，它将网站的页面尽可能地直接展示在蜘蛛程序面前或者很容易被爬虫发现，蜘蛛程序只需要一次访问就能遍历网站中的所有页面，不需要一个层级一个层级地深入挖掘，这有利于网站的检索和排名。

（3）扁平结构的适用网站类型

扁平结构虽然可使用户访问一次即可遍历所有页面。但是，当网站页面比较多时，太多的网页文件放在根目录下，会加大查找、维护的工作难度。所以，扁平结构一般适用于只有少量页面、内容量较少的小型、微型网站。

（4）扁平结构优化的注意事项

① 背景简单

扁平结构优化最吸引人的优势就是简洁大方，让用户更清晰地了解网站内容，尽可能遵循使用朴素、淡雅的颜色的原则，给人们留下更好的印象。

② 使用图标

图标能给用户带来更清晰、流线型的用户体验，图标不仅方便用户点击，还能引导用户通过体验明确每个图标代表的含义，从而降低用户学习新交互模式的成本。

③ 使用图形

图形在扁平结构网站设计中非常流行，圆形、正方形等不仅是美化设计布局的元素，还是内容的分界线，会让不同的内容层次更加分明，让网站整体框架更具结构性。

④ 主菜单清晰明了

主菜单、按钮及链接的设计要简单、清晰明了，避免使用阴影或强调效果。

⑤ 字体统一

字体的使用要强调其可读性和统一性，可读性指在选择字体时，选择让人一眼能看得懂的字体，以免给用户带来信息认知难度大的问题；统一性指内容字体大致统一，可通过改变字体尺寸大小、颜色等方式来调整内容的重要程度，字体尽量保持不变，以便保证页面简洁，层次清晰。

⑥ 排版简单灵活

灵活的排版布局能给页面带来惊艳的整体视觉体验。扁平结构网站设计元素构成简单，每个设计元素按照重要程度摆放，充分体现其功能，使用户一目了然。

5.4.3　搜索引擎友好的网站设计

要想使搜索引擎对一个网站友好，SEO人员就要创建一个让搜索引擎喜欢的网站。这就要求SEO人员学会换位思考，从蜘蛛程序的角度去看待一个网站的页面结构，了解蜘蛛程序在网站爬行过程中可能会遇到的问题，然后解决这些问题，让网站利于蜘蛛程序的爬行和抓取。首先来看一下蜘蛛程序在抓取、索引和排名的时候可能遇到的问题，如图5-41所示。

扫码看视频

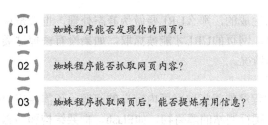

图5-41　蜘蛛程序会遇到的问题

下面再来看一下如何解决蜘蛛程序在抓取、索引和排名时遇到的这些问题。

1. 解决"蜘蛛程序能否发现你的网页"的问题

要解决"蜘蛛程序能否发现你的网页"的问题，通常可以从以下4个方面着手，如图5-42所示。

（1）外部链接

网站一般都有外部链接。蜘蛛程序在爬行、抓取网页时，是根据URL的结构进行抓取的，结构目录越短，蜘蛛程序的爬行体验越好。高质量的外部链接能增加蜘蛛程序爬行的深度。

（2）内部结构

图5-42　解决蜘蛛程序能否发现
网页的问题

网站必须要有良好的内部结构。蜘蛛程序在抓取发现网站的首页后，还需要到更深层次的内容页抓取，这就要求网站必须要有良好且符合逻辑的内部结构。

（3）链接结构

网站中各网页之间要有良好的链接结构。因为SEO人员不仅要保证蜘蛛程序能从首页开始进入网站，还要保证蜘蛛程序沿着链接能找到网站中的所有页面。这些链接中，文字链接最好，其次是图片链接。最好不要使用JavaScript链接、下拉菜单链接或Flash链接。

（4）网站地图

网站通常还需要有一个网站地图，把所有重要的栏目和网页都列进去，这样蜘蛛程序就可以从网站地图到达这些页面。如果网站比较大，网站地图还可以分成几个。

2. 解决"蜘蛛程序能否抓取网页内容"的问题

要解决"蜘蛛程序能否抓取网页内容"的问题，通常可以从以下两个方面着手，如图5-43所示。

（1）网页的URL

要解决"蜘蛛程序能否抓取网页内

图5-43　解决蜘蛛程序能否抓取网页内容的
问题

容"的问题，关键是要保证网页的URL是可以被抓取的，如果搜索引擎没法抓取到网页的URL，那抓取网页内容就无从谈起了。

通常情况下，网页的URL都是可以被抓取的，但是需要注意的是，如果你的网页是由数据库动态生成的，那么URL要做伪静态处理，也就是说，要先去掉URL里带有问号的参数等，网页的URL才能被抓取，如果没有去掉这类参数，很容易出现搜索引擎不信任的情况。

（2）蜘蛛陷阱

要解决"蜘蛛程序能否抓取网页内容"的问题，还需要避免蜘蛛陷阱。蜘蛛陷阱是阻止蜘蛛程序爬行网站的障碍物，如Flash、框架结构和动态URL等。如果网站上有大量的Flash文件，搜索引擎就很难读取网页上的内容。只有避免或消除这些蜘蛛陷阱，蜘蛛程序才可以收录更多的网页。

3. 解决"蜘蛛程序抓取网页后，能否提炼有用信息"的问题

蜘蛛程序发现网页后，可能抓取了大量的网页内容，这些内容中有的有用，有的无用，那么怎样才能保证搜索引擎提炼的是有用信息呢？要解决这一问题，通常可以从以下3个方面着手，如图5-44所示。

（1）网页代码

要想让搜索引擎从抓取网页中提炼出有用信息，网页的HTML码必须很优化，也就是说，格式标签占得越少越好，真正的内容占得越多越好，整个文件越小越好，并且CSS、JavaScript等要放在外部文件中。

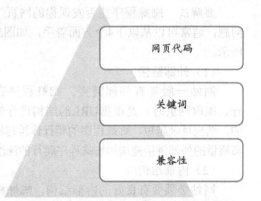

图5-44　解决蜘蛛程序抓取网页后，能否提炼有用信息的问题

（2）关键词

我们可把关键词布局在应该出现的位置，帮助搜索引擎分辨哪些内容是有用的信息。

（3）兼容性

我们可检查网页对不同操作系统、不同browser的兼容性，检查网页是否符合W3C标准。

5.4.4　蜘蛛陷阱的种类

蜘蛛陷阱是阻止蜘蛛程序爬行网站的障碍物，虽然网页页面看起来非常正常，若内部存在蜘蛛陷阱，也会对蜘蛛程序造成爬行障碍。常见的蜘蛛陷阱的种类有8种，如图5-45所示。

扫码看视频

（1）登录要求

有的网站要求用户注册登录后，才能看到相关的文章内容，这种网站对蜘蛛程序不是很友好。因为蜘蛛程序无法提交注册信息，更无法输入用户名、密码和验证码等信息登录网站，如此网页的内容也就不会被蜘蛛程序发现。

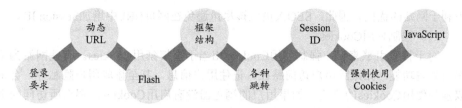

图5-45 蜘蛛陷阱的种类

（2）动态URL

动态URL，简单来说就是在URL中加入了很多的符号或者网址参数，虽然随着搜索引擎的技术发展，动态URL对于蜘蛛程序的抓取已经没有太大的影响了，但是带有过多参数的动态URL还是不利于蜘蛛程序爬行，从搜索引擎友好性上讲，静态URL或者伪静态URL都比动态URL好。

（3）Flash

很多网站喜欢使用Flash来进行网页设计，如用Flash做Logo、广告、图表等，这些对搜索引擎的抓取和收录是没有影响的。但有的站长为了让网站视觉效果更好，选择在网站上布置一大块Flash，殊不知这就造成了蜘蛛陷阱。因为蜘蛛程序抓取的只是HTML代码，只是一个连向Flash文件的链接，而没有文字内容。无论Flash做得多美，搜索引擎都是看不到的，也就不能识别到任何文字信息，更无从判断它的相关性。所以，从SEO的角度出发，我们应该尽量避免或者减少Flash的使用。

随着HTML5网页技术的发展，Flash正在逐步被淘汰，很多浏览器也已经不再支持Flash，SEO人员在进行网站优化时，应该选择使用HTML5来代替Flash。

（4）框架结构

以前，很多网站会广泛使用框架结构，是因为它为网站页面的维护提供了一定的便利。而现在随着各大CMS系统的开发问世，网站维护工作变得越来越简单，再加上框架结构不利于搜索引擎收录，因此，从SEO的角度来讲，我们现在应该尽量避免使用框架结构。

（5）各种跳转

有些网站会设置大量的跳转，如JavaScript跳转、MetaRefresh跳转、Flash跳转、301跳转和302跳转等。这些跳转在一定程度上会给蜘蛛程序的爬行带来障碍，并且有欺骗用户和搜索引擎的嫌疑。如果网站必须使用跳转，推荐使用301永久跳转，这样可以将权重进行传递。

（6）Session ID

服务器会为网站的每一位用户分配一个独一无二的Session ID，以区分不同的用户。有的网站为了分析用户的某些信息，会采用Session ID来跟踪用户。用户每访问一次，网页的URL中便会增加一个Session ID。

蜘蛛程序在网页中爬行时，也会被当作一个用户，每一次访问页面时获得一个不一样的Session ID，即使访问的是同一个页面，也会获得不一样的Session ID，但是内容却是一样的，这样就形成了大量的重复性内容，也就形成了一个蜘蛛陷阱，不利于网站的优化。因此，SEO人员应该尽量避免在网页URL中增加Session ID。

（7）强制使用Cookies

对于搜索引擎来说，强制使用Cookies相当于直接禁用Cookies。有些网站为了实现某些功能，如跟踪用户访问路径、记住用户信息，甚至盗取用户隐私等，会采取强制使用Cookies的措施。如果用户的浏览器没有启用Cookies，那么所访问的页面就无法正常显示，蜘蛛程序也无法正常访问。

（8）JavaScript

虽然通过JavaScript可以做一些效果不错的导航，但是JavaScript也是一种蜘蛛陷阱。因此，为了提高网站对搜索引擎的友好性，使网页能够更好地适应蜘蛛程序爬行，尽量不要采用JavaScript。

拓展阅读：图片的 alt 属性和 title 属性的区别

图片的alt属性和title属性设置后，都会出现一个小浮层，显示图片相关的内容。

alt属性的特点如下。

① 倘若图片未被加载成功，无法正常显示出来，在图片未显示的位置就会出现一段文字。这是为了给用户提供未加载出来的图片信息，方便用户浏览网页，同时也方便开发人员维护网页。

② 搜索引擎可以通过alt属性的文字描述读取图片内容。

title属性的特点如下。

title属性可以用在任何元素上，例如，当用户把鼠标移动到图片上时，就会出现title的内容。它起到对图片说明的作用，实质就是对图片的一种备注或者注释。

通俗来讲，alt属性的实质是通过文字来代替图片的内容，而title属性的实质是对图片的描述或者注释。

思考与练习

一、填空题

1. 针对网站内容建设，我们可以遵循_____、_____、_____和_____原则。

2. 网站内页优化的3大标签包括：_____、_____和_____。

3. 对于网站结构的优化，我们可以从_____和_____两个方面进行。

二、判断题

1. 搜索引擎显示标题的字数没有限制。（   ）

2. 搜索引擎只喜欢原创内容，不喜欢伪原创内容。（   ）

3. 树状结构是指将网站中的网页文件按照类别及从属关系保存到不同文件夹和子文件夹中。（   ）

三、单项选择题

1. 下列选项中，关于标题关键词遵循使用原则说法正确的是（   ）。

A．关键词尽量能完整描述网站内容　　B．关键词之间不能使用特殊符号

C．关键词字数越多越好　　　　　D．关键词在标题中的位置不重要

2．下列选项中，关于网站描述的说法错误的是（　　）。

　　A．网站描述的语句要通顺连贯

　　B．网站描述的长度一般不超过200个字符

　　C．每个分页面描述可以相同

　　D．网站描述要适当突出关键词

3．下列方法中，不利于蜘蛛程序抓取网页的是（　　）。

　　A．网站有良好的内部结构　　　　B．网站没有外部链接

　　C．网站中各网页之间有良好的链接结构 D．网站有一个网站地图

四、简答题

1．原创内容对网页优化的作用有哪些？

2．简述网站扁平结构的特点。

3．如何解决"蜘蛛程序能否抓取网页内容"的问题？

任务实训

任务实训1

实训目的	
让读者进一步熟悉网页标题优化的内容	
实训内容	
分析搜索引擎中包含关键词"宠物"的网页标题是否合理	
实训步骤	
序号	内容
1	在搜索引擎中输入关键词"宠物"
2	查看搜索结果中的网页标题是否合理，并记录结果

任务实训2

实训目的	
让读者进一步熟悉Heading标签优化的内容	
实训内容	
分析搜索引擎中包含关键词"宠物"的网站，查看其中有几个Heading标签，分析其是否合理	
实训步骤	
序号	内容
1	在搜索引擎中输入关键词"宠物"
2	通过搜索结果进入网站，查看其Heading标签

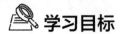

第6章

网站链接与WAP站点优化

学习目标

√ 了解网站链接的分类。
√ 掌握网站内部链接优化的知识。
√ 掌握网站外部链接优化的知识。
√ 掌握友情链接的相关知识。
√ 掌握WAP网站优化的相关知识。

技能目标

√ 能够为网站添加外部链接、友情链接。
√ 能够对WAP网站进行优化。

6.1 网站链接的分类

整个互联网是由一个个网站组成的，每个网站又是由一个个网页组成的，这些网站和网页之间通过链接连接在一起，形成了一张"大网"，蜘蛛程序可以在这张"大网"上到处爬行。蜘蛛程序要想顺利地访问各网站，并到达网站中的所有页面，完成对网站信息的抓取和收录，就必须对链接进行优化。

链接也称为超链接，是指从一个网页指向一个目标的连接关系，而在一个网页中用来超链接的对象，可以是一段文本或者一幅图片。当用户单击已经添加链接的文本或图片后，链接目标将显示在浏览器上，并且根据目标的类型来打开或运行。

链接根据不同的分类方法可以分为不同的类型，下面依次介绍。

扫码看视频

6.1.1　按链接对象分类

在一个网页中，用来超链接的对象有很多，如文本、图片和邮件等。根据链接对象的不同，链接可分为文本链接、图像链接、E-mail链接等，如表6-1所示。

表6-1　按链接对象分类

链接类别	对象	链接举例
文本链接	文本	\<a href=http://www.***.net/>××工作室\</a>
图片链接	图片	\<a href="www.***.com">\<img src="logo.jpg">\</a>
E-mail链接	电子邮件地址	\<a href="mailto:123456789@qq.com">××工作室\</a>

6.1.2　按链接路径分类

根据链接路径的不同，链接一般可分为内部链接、锚点链接和外部链接。

1. 内部链接

内部链接是指同一域名网站下的内容页面之间相互链接。例如，网站的频道页、栏目页、文章详情页（或产品详情页）之间的链接。

例如，图6-1所示为京东首页，其左侧的导航链接的目标页面都是站内的其他页面，这些链接都是内部链接。

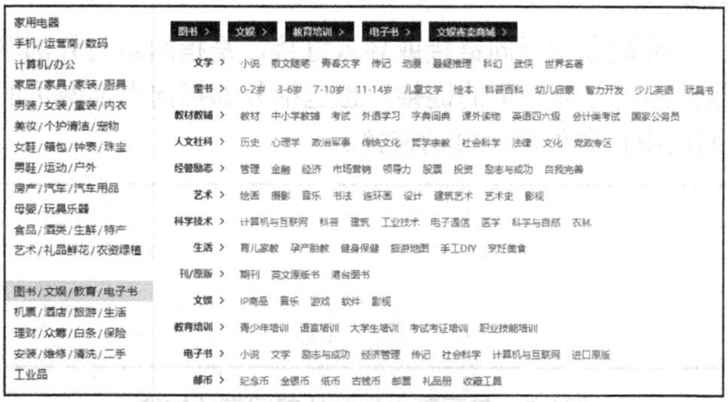

图6-1　京东首页的内部链接

2. 锚点链接

锚点链接就是可以链接到文档中的某个特定位置的链接。有些网页内容较多，页面过长，用户需要不停地使用浏览器上的滚动条来查看文档中的内容。这时为了增强用户体验，可以在网页中插入锚点链接。例如，在百度百科中打开"人民邮电出版社"的词条，可以看到网页内容很多，如果想要查看人民邮电出版社的"获得荣誉"，需要使用滚动条查找好久才能查到相关内容。为了方便用户查看不同模块的内容，网页中增加了锚点链接，用户只需要单击"获得荣誉"的锚点链接，即可快速跳转到"获得荣誉"模块，如图6-2所示。

图6-2　锚点链接

3. 外部链接

外部链接，又常被称为反向链接或导入链接，是指网站与外部网站中的页面之间的链接，既包括指向外部网页的链接，也包括外部指向内部网页的链接。例如，图6-3所示为某网页中指向外部网页的链接。

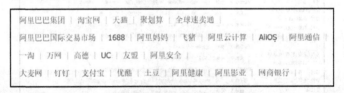

图6-3　某网页中指向外部网页的链接

外部链接的表现形式有很多种，网站内的"友情链接"板块的链接就是比较常见的外部链接。

6.2　网站内部链接优化

无论是大型网站还是小型网站，其内部链接都是必不可少的，做好网站的内部链接优化，有助于提高搜索引擎对网站的抓取效率，从而提高网站的权重和排名，还可以提升用户的体验，因此，内部链接优化是至关重要的。

6.2.1 网站导航的合理布局

网站导航是指位于页面顶部或者侧边区域的，以及在页眉横幅图片上边或下边的一排水平导航按钮，它起着连接外部网站与内部网站以及网站内部各个网页的作用。

扫码看视频

网站导航能帮助用户快速找到自己想要的页面，在页面中起着关键性的作用，所以在网站建设中做好网站导航的布局是很重要的，那么网站应该如何对网站导航做好布局呢？

1. 导航排序要合理

导航的顺序也是非常有讲究的，网站导航的栏目选择和排列顺序都应该符合用户的使用习惯。一般情况下，人们浏览页面时都习惯从左到右、从上到下浏览，百度权重的分配也是如此，通常页面左侧和上方的权重更高一些，因此，应该把比较重要的栏目放在导航的顶端或者左侧。例如，网站导航的第一个栏目通常是"首页"，如图6-4所示；而"联系我们""关于我们"等栏目通常放在导航的底部，如图6-5所示。这些都是根据用户的浏览习惯设置的，一般不能更改。

图6-4 网站导航的第一个栏目

图6-5 网站导航底部的栏目

2. 设置分类导航

如果网站中栏目非常多，每个栏目下又有很多小栏目，就需要设置分类导航。例如，某网上商城网站，其栏目非常多，导航栏无法放下所有栏目，这时在导航下方增加分类导航，即可容纳更多的分类，如图6-6所示。

3. 导航栏目的结构和名称要清晰

首先，尽量减少分类导航链接的层次，一般不要超过5层。其次，对导航进行设置的时候尽量使用普通的HTML，不要把图片作为链接对象，也不要用Flash、JavaScript脚本等，这些对于搜索引擎来说，都是蜘蛛陷阱，还会增加网页加载的时间。

图6-6　分类导航

4. 导航中要包含关键词，同时关键词的布局要合理

为了获得更好的排名，网站需要对关键词进行合理布局，而导航恰巧是关键词布局的一个合理的位置，所以，导航中要包含关键词。

导航是用户从首页进入各分类页面的主要途径，因此，在选择导航关键词时一定要顾及用户的体验，尽量使用目标关键词的长尾词；另外，导航中不要堆砌关键词。

网站导航关键词一般按照从左到右、从上到下，重要性依次降低的趋势进行分布，这样不仅符合用户的浏览习惯，还有利于搜索引擎的权重分配。

5. 正确使用面包屑导航和子导航

网站导航的作用就是为用户指路，防止用户在网站中迷失，而面包屑导航就是给用户指路的好方法，正确使用面包屑导航可以让网站结构更加清晰，还有利于提升网站的用户体验和蜘蛛程序的抓取效率。

子导航的作用也是让网站结构更加清晰，特别是对一些大型网站，子导航的设置可以大大减少网站链接的层次，有利于网站被收录，更有利于减少用户的点击次数。

> 🎓 **提示**
>
> 面包屑导航的概念来自童话故事"汉赛尔和格莱特"，汉赛尔和格莱特穿过森林时，不小心迷路了，但是他们在沿途走过的地方都撒下了面包屑，这些面包屑可以帮助他们找到回家的路。所以，面包屑导航的作用是告诉用户他们目前在网站中的位置以及如何返回。

6. 避免页脚关键词堆砌

很多时候网站底部也会设置一个网站导航。很多站长喜欢对底部导航进行大量的关键词堆砌，甚至用黑帽SEO的方法在底部放入很多的关键词，这样就会导致搜索引擎的反感，还可能导致网站受到某种形式的惩罚。

6.2.2　各级分类权重的合理分配

一个网站中一般都会包含多个页面，不同页面对于网站的重要

扫码看视频

程度是不同的，因此在进行网站优化时，SEO人员不能给予每个页面相同的权重，而是根据不同页面的作用和目标"排兵布阵"，这样才能有效地优化网站，使网站各个页面的效果最优化。

　　权重分配前需要先将整个网站的页面根据其重要程度划分为不同的等级。例如，一个营销类网站的页面通常可以划分为4个等级，如表6-2所示。

表6-2　页面等级划分

等级	页面特点
第1等级	第1等级页面中关键词的搜索量通常比较大，如首页、栏目页、专题页等都属于第1等级。这类页面一旦排名，一般就会获取比较大的流量。因此，最好整个网站中的每个页面都有指向第1等级页面的链接，而且可以做外部链接
第2等级	第2等级页面中关键词搜索量一般，如文章页就属于第2等级，这类页面的流量虽然比第1等级页面少很多，但也能带来流量，因此，这些页面的链接最好长期存在于第1等级页面中。另外，要多给这类页面做内部链接，如果条件允许，还可以对这类页面做一些外部链接
第3等级	第3等级页面几乎没有搜索量，如很多企业网站的新闻页面就属于第3等级，这类页面存在的意义在于可以提高整个网站的收录量，而且可以给以上两类页面提供权重
第4等级	第4等级页面主要是指一些营销页面，它本身没有搜索量，页面流量来自上面3类页面，靠站内引流，这类页面通常为产品介绍页、引导消费页等

　　页面等级划分完成后，就可以进行权重划分了，具体权重划分如图6-7所示。

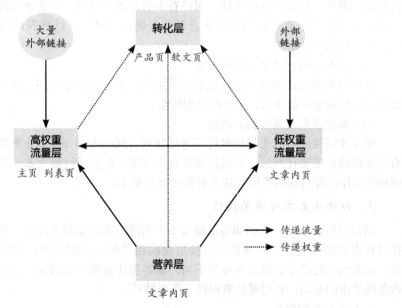

图6-7　权重划分

6.2.3 内部锚文本的合理引导

扫码看视频

锚文本又称为锚文本链接，是一种特殊的文本链接。锚文本实际上是建立了文本关键词与URL链接的关系，将网页的关键词做成链接，指向网站中的其他页面。例如，图6-8所示为"人民邮电出版社"在百度百科词条中的部分内容，其中的"无线电""高保真音响""集邮"等链接都是锚文本，分别链接到网站中其他相关的页面。

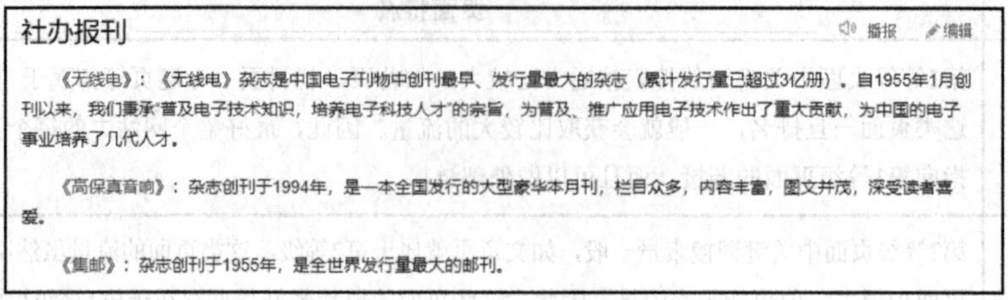

社办报刊 🔊 播报 ✎ 编辑

《无线电》：《无线电》杂志是中国电子刊物中创刊最早、发行量最大的杂志（累计发行量已超过3亿册）。自1955年1月创刊以来，我们秉承"普及电子技术知识，培养电子科技人才"的宗旨，为普及、推广应用电子技术作出了重大贡献，为中国的电子事业培养了几代人才。

《高保真音响》：杂志创刊于1994年，是一本全国发行的大型豪华本月刊，栏目众多，内容丰富，图文并茂，深受读者喜爱。

《集邮》：杂志创刊于1955年，是全世界发行量最大的邮刊。

图6-8 内部锚文本

1. 内部锚文本的作用

锚文本在SEO的过程中是必不可少的。在网页中适当地添加一些锚文本，不仅可以提高关键词排名，还可以提高文章的收录率和整个网站的权重。关于内部锚文本对于内部链接优化的作用，主要体现在以下几个方面。

（1）引导浏览，提升用户体验，减少跳出率

网站内部锚文本能引导用户浏览其他相关内容，帮助用户更快地找到自己所需的信息。另外，如果网站内出现了用户看不明白的关键词，而这个关键词恰好有锚文本，那么用户很有可能点击进去查看该关键词的释义，这样既可以提升用户体验，又可以减少跳出率。

（2）提高关键词排名和网站权重

合理分布的内部锚文本能让搜索引擎更快、更精准地搜索到文章大致内容，从而提高长尾关键词的排名、增加网站的权重。

（3）帮助抓取及索引相应页面

锚文本链接还可以引导蜘蛛程序进行抓取。网站内部合理地分布锚文本链接，有利于蜘蛛程序爬行网站，从而提高文章收录率。而且通过锚文本，搜索引擎也能够快速地指向相对应的页面，使各页面权重更集中。

2. 内部锚文本的布局技巧

通过前面的学习，我们知道在锚文本中出现完全匹配的关键词，有助于提高链接目标页面的相关性，以及发出链接页面的相关性，让用户拥有更好的体验。但是，如果内部链接中的锚文本布局不当，就容易让搜索引擎判定为过度优化。关于内部锚文本的布局，我们可以掌握以下两个技巧。

（1）锚文本的位置

SEO人员在网页内添加锚文本时，一定要注意：锚文本不能集中在导航和底部

中，而是要分散在正文中。因为内部锚文本的设置不仅要从搜索引擎的角度考虑，还要从用户体验的角度考虑。

（2）锚文本的数量

在网页内生硬、刻意地添加关键词、锚文本链接，虽然有助于蜘蛛程序抓取内容，但可能不利于用户的浏览，甚至造成用户关闭页面的情况，所以，按需、自然地分布锚文本，才更有利于搜索引擎优化。

6.2.4　Nofollow的合理使用

Nofollow是链接的HTML标签属性，这个标签是用来告诉搜索引擎不要追踪此网页上的链接或某个指定的链接，它的意义是告诉搜索引擎这个链接不是经过作者确认的。

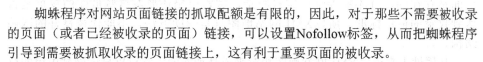

1．Nofollow标签的作用

Nofollow标签的作用有以下两个。

（1）节约蜘蛛程序资源

蜘蛛程序对网站页面链接的抓取配额是有限的，因此，对于那些不需要被收录的页面（或者已经被收录的页面）链接，可以设置Nofollow标签，从而把蜘蛛程序引导到需要被抓取收录的页面链接上，这有利于重要页面的被收录。

（2）集中网站权重，避免分散

每个页面链接都附带了一定的权重，权重是分散的，我们需要将这些权重引导到重要的页面上（需要做排名的页面，需求性高的页面），这样会更加有利于网站的排名，而不是将权重分配到"关于我们""联系我们"等没有价值的页面上。对于那些不重要的页面，可以设置Nofollow标签，把这一部分的权重分配到其他链接上，从而提高其他链接的权重。

2．Nofollow标签的使用方法

Nofollow 标签通常有以下两种使用方法。

① 将Nofollow 写在网页上的<meta>标签中，用来告诉搜索引擎不要抓取网站上的所有外部链接和内部链接（即整个网站禁止搜索引擎抓取）。

```
<meta name="robots" content="nofollow" />
```

② 将 Nofollow 放在超链接中，用来告诉搜索引擎不要抓取特定的链接。

```
<a href="http://www.***.com/" rel="nofollow">锚文本关键词</a>
```

6.2.5　网站地图Sitemap的合理更新

网站地图Sitemap其实是根据网站的结构、框架、内容等生成的网站导航文件，是网站内所有链接的容器。网站地图不仅可以让用户对网站的结构和内容一目了然，而且可以帮助蜘蛛程序快速爬行网站的各个页面。

1. 网站地图Sitemap的形式

常见的网站地图Sitemap的形式有两种：HTML网站地图和XML网站地图。

（1）HTML网站地图

若sitemap中的s小写，则特指HTML网站地图。HTML网站地图就是用户可以在网站上看到的、列出网站上所有主要页面链接的页面。

从属性上来说，HTML网站地图属于一个静态网页，它将网站的所有栏目做了梳理，将网站的整体框架做了整理分类。蜘蛛程序爬行到这里时，很容易就知道，该网站有什么类别的板块，这便于站点的收录。而另一大优势是便于访问者进行细分导航。

（2）XML网站地图

若Sitemap中的S大写，通常特指XML网站地图。XML网站地图由<xml>标签组成，文件本身必须是utf8编码。XML网站地图文件实际上就是列出网站需要被收录的页面URL。

通过XML网站地图通知搜索引擎要收录的页面，只能让搜索引擎知道这些页面是存在的，并不能保证一定被收录，搜索引擎还要看这些页面的权重是否达到收录的最低标准。所以XML网站地图只是辅助方法，不能代替良好的网站结构。

从属性上来说，XML网站地图相对来说是动态的，它可以显示网站内容的更新频率。其最大的优势在于方便蜘蛛程序抓取，可以告诉蜘蛛程序需要收录什么，对蜘蛛程序的友好性更高。缺点是会受到文件大小及数量的限制。

2. 网站地图Sitemap的更新

网站地图更新是搜索引擎优化中必不可少的环节，通常可以分为自动更新和手动更新。

（1）自动更新

网站地图的自动更新比较方便，因此，成为大部分网站的首选。只要在网站后台发布了文章或做了其他调整，并更新了网站缓存，网站地图就会自动生成更新，不再需要管理员手动更新。

（2）手动更新

手动更新网站地图的网站相对来说比较少。这类网站在发表了文章或者做了其他的操作之后，即使更新了网站缓存，前台也已经展现了更新后的内容，网站地图还是会停留在上一次更新的页面，仍需要管理员再次手动更新。

【案例解析】使用 SiteMap X 制作网站地图

1. 下载、安装SiteMap X

打开SiteMap X 的官方网站，如图6-9所示，单击页面中的【免费程序】按钮即可下载。

图6-9　SiteMap X的官方网站

下载完成后，打开安装文件，单击【运行】按钮，根据安装向导的提示进行安装即可。

2. 使用SiteMap X制作网站地图

① 如果是第一次启动SiteMap X，系统会自动打开【添加工程】对话框；如果不是第一次启动SiteMap X，用户也可以通过单击【新建】按钮，打开【添加工程】对话框，设置工程名称和组，如图6-10所示。

图6-10　【添加工程】对话框

② 在【基本信息】选项卡中，填入Base地址（即制作网站地图的域名），选定抓取文件目录深度（即您希望蜘蛛程序抓取几层网站文件目录），抓取页面超时时间（即抓取某一页面的最长用时）和输入最大地址数量（即最多抓取多少个网页地址）。最后，选择您希望蜘蛛程序抓取的网址类型，设置完毕后单击【下一步】按钮，如图6-11所示，随后进入【XML设置】选项卡。

③ 在【XML设置】选项卡中，用户可以选择需要生成的网站地图格式和XML样式，设定地图文件每页最大网址数量及上一次网页修改时间、修改频率、每一级目录网页所占权重，设置完毕后单击【下一步】按钮，如图6-12所示，随后进入【Robots设置】选项卡。

图6-11 【基本信息】选项卡

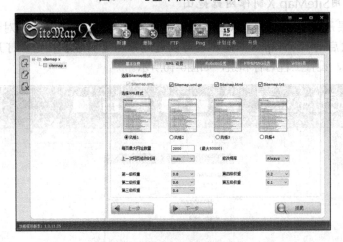

图6-12 【XML设置】选项卡

④ 在【Robots设置】选项卡中，编辑robots.txt文件，如果不需要上传，直接取消勾选【是否上传robots.txt文件】复选框（此处，我们选择不上传），设置完毕后单击【下一步】按钮，如图6-13所示，随后进入【FTP&PING设置】选项卡。

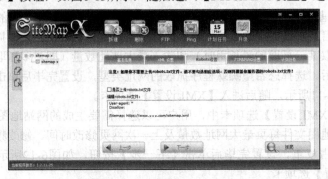

图6-13 【Robots设置】选项卡

⑤ 在【FTP&PING设置】选项卡中，用户可以设置远程路径、用户名、密码、端口，以及是否使用被动模式连接，设置完毕后单击【下一步】按钮，如图6-14所示，随后进入【计划任务】选项卡。

图6-14 【FTP&PING设置】选项卡

⑥ 在【计划任务】选项卡中，用户可以设定SiteMap X自动生成和上传网站地图的时间，便于定期自动更新网站地图。设置完成之后，单击【抓爬】按钮，如图6-15所示。

图6-15 【计划任务】选项卡

⑦ SiteMap X开始抓取网页中的链接。抓取完成后，单击【下一步】按钮，如图6-16所示。

⑧ 在新打开的页面中，单击【生成XML文件】按钮，弹出【生成Sitemap文件】对话框，单击【打开文件目录】按钮，如图6-17所示，至此，网站地图就基本制作完成了。

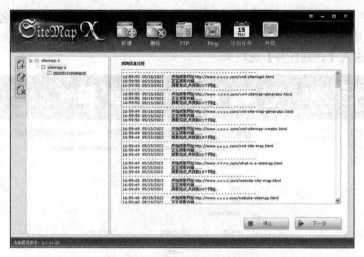

图6-16　抓取网页中的链接

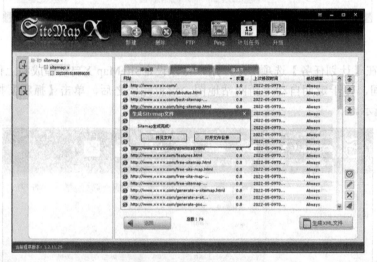

图6-17　制作网站地图

6.3 网站外部链接优化

网站外部链接对网页的排名影响较大。通常如果一个网页很受用户欢迎，流量较高，那么该网页内的外部链接点击率也会相对较高。

扫码看视频

6.3.1 外部链接的作用

外部链接是衡量网站受欢迎程度的重要因素，同时对搜索引擎优化也有着重要作用。

1. 提高网站权重

外部链接是搜索引擎判断网站权重的重要依据。网站外部链接的质量越高、数量越多，传递给网站本身的权重就越高，就越容易被其他网站信任并认可。如果网站有来自权重极高的网站的链接，那么该网站的权重也会得到提高。

2. 提高网站关键词排名

一般情况下，外部链接都是以锚文本形式出现的，通常这个锚文本就是网站的一个关键词，如友情链接、论坛签名等，这些以锚文本形式出现的外部链接都可以提高网站关键词的排名。

3. 增加网站流量

一个优质的外部链接可以为网站带来较大的流量。例如，在网站A设置了一个网站B的外部链接，用户通过点击链接就可以从网站A跳转到网站B，这就为网站B增加了流量。网站A的知名度越高、用户越多，为网站B带来的流量就越多。

4. 提高网站收录量

网站收录量是网站排名的基础，如果页面不被搜索引擎收录，不进入索引库，就无法获得排名。外部链接的数量和质量，可以决定整个网站的收录量。如果网站或网页中没有外部链接导入，就无法被蜘蛛程序抓取并收录。

6.3.2 添加外部链接的原则

为网站添加外部链接时，不能盲目添加，需要遵循一定的原则，如图6-18所示。

图6-18 添加外部链接的原则

1. 难度越大，价值越高

添加外部链接是一项费时费力的工作，甚至无法保证有投入就能有产出，想要获得效果好的外部链接就更难。但是一般来说，难度越大的外部链接，其价值越高、效果越好。

2. 网站内容质量要高

在SEO行业中一直都是"内容为王，链接为后"的，只有高质量的内容可以带

6 Chapter

来高质量的链接。如果你的网站内容不好，搜索引擎就不会在乎你的网站，其他站长也不会在乎你的网站。想要让对方网站链接到你的网站，就必须做出高质量的网站内容，让对方网站用户感觉有价值。

3. 内容具有相关性

寻找外部链接时，内容相关性是重要的考量标准之一。内容相关的网站对于彼此的价值会更高于那些不相关的网站，相同行业网站间的外部链接质量也是相对较高的，作用也会发挥得较大。

4. 链接来源广泛

在添加网站外部链接时，外部链接的来源应该要广泛一些，种类也尽可能地多一些，让其呈现的状态更自然一些，否则有可能被搜索引擎判定为人为操作，会影响搜索引擎排名。

5. 深度链接

购买链接、交换链接通常仅存在于首页及几个重要分类页面内，很难顾及网站上的大量内页。但是一个靠高质量内容吸引外部链接的网站，通常不仅首页有链接，还要有可以吸引人到内页的深度链接。深度链接不仅使外部链接构成更趋向自然，对内页权重也有很大影响。

6. 锚文本分散自然

锚文本对页面相关性的影响很大，以目标关键词作为锚文本的效果较好。但锚文本高度集中也常常是被惩罚的原因，所以锚文本要自然地分散在页面中。

7. 平稳持续增加

网站是非常忌讳一段时间内增加大量外部链接，看到效果后却不再持续增加的。真正受用户和搜索引擎喜欢的网站，其外部链接应该随时间平稳、持续地增加，尽量避免出现大起大落的现象。长时间没有增加新的外部链接，通常会导致排名下降。

8. 质量高于数量

排名位置与链接的绝对数量并不成正比关系，一个高质量的外部链接往往比几百个甚至上千个低质量的外部链接有效得多。

6.3.3 外部链接的添加方法

为网站增加外部链接是一项比较费时的工作，下面按照外部链接的添加途径介绍几种外部链接的添加方法。

1. 博客平台

博客类型的网站（如新浪博客、网易博客、搜狐博客等）的自由度比较高，而且一般不会删除外部链接，所以这类网站比较容易添加外部链接。

2. 论坛

论坛是比较活跃的社区，在论坛中添加一些好的外部链接，不仅能够吸引蜘蛛程序，还可以直接为网站带来流量。一些行业相关性比较高的论坛是非常适合推广的。企业可以注册与自身网站相关的论坛，为签名添加关键词，并做成链接指向自身网站，还可以在论坛中发布帖子，并在帖子中添加指向自身网站的外部链接。

3. 问答平台

问答平台是一些互动知识分享的社区，用户可以在问答平台内查找、组织、交流信息。常见的问答平台有百度知道、360问答、搜狗问问等。SEO人员可以在问答平台回答用户问题，并添加上自身网站的外部链接。

4. 分类目录

分类目录是将网站信息系统地分类整理，提供一个按类别编排的网站目录。每一类别中排列着属于这一类别的网站站名、网址链接、内容提要，以及子分类目录，用户可以在分类目录中逐级浏览相关的网站。

分类目录中往往提供交叉索引的功能，从而可以方便用户在相关的目录之间跳转和浏览。也可以使用关键词进行检索，检索结果为网站信息。SEO人员可以在分类目录网站、所在行业的目录网站以及一些开放性的导航网站中添加自己网站的外部链接。

5. 软文

SEO人员可写一些高质量的软文（在文章中附上自身网站的链接），向一些大型网站进行投稿。只要你的软文质量高，就很容易通过。而这些大型网站中每天都会有很多人浏览和转载文章，所以一篇好的软文可以给你带来成百上千，甚至成千上万的流量。

6.4　添加友情链接

友情链接是一种特殊的外部链接，是网站基本的推广手段。本节将详细介绍友情链接的一些相关知识，如友情链接的定义、友情链接的作用、友情链接交换的注意事项、友情链接交换的渠道等。

扫码看视频

6.4.1　友情链接的定义

友情链接，也称为网站交换链接、互惠链接、互换链接、联盟链接等，是具有一定资源互补优势的网站之间的简单合作形式，即分别在自身网站上放置对方网站的Logo图片链接或网站名，并设置对方网站的超链接（点击后，切换或弹出另一个新的页面），使用户可以从合作网站中发现自身网站，达到互相推广的目的。

6.4.2　友情链接的作用

相对于普通链接，友情链接如果经营得好，更容易成为网站的高质量外部链接，友情链接在提高网站权重和PR值、提高关键词排名、吸引蜘蛛程序爬行、提高网站知名度等方面都有着重要作用。

1. 提高网站权重和PR值

网站的权重就是搜索引擎对于一个网站的重视程度，搜索引擎对一个网站的重视程度越高，给予的排名也就越高。通常提高网站权重较好的方法有：更新网站内容和获取大量优质外部链接（包括友情链接）。当网站与大量优质的网站做友情链接的时候，搜索引擎就会给予网站较高的权重。

PR是对于一个网站的评级技术，用于评价一个网站的重要性，其值从1到10。PR值越高，说明这个网站受到的重视程度越高，搜索引擎给予的排名也就越高。想要提高网站的PR值，比较简单的方法就是和高PR值的网站交换友情链接。

2. 提高关键词排名

关键词排名类似于投票数排名。一个网站想要获得好的排名，就需要较多网站对它投票，投票越多，说明这个网站被大家认可的程度就越高。这个投票就相当于外部链接（包括友情链接），一个外部链接就相当于对这个网站的一次投票，而友情链接是优质的外部链接，通常友情链接越多，网站的排名就越好。而交换友情链接，一般的方式都是在关键词上添加链接，因此，交换友情链接时，如果加上想要优化的核心关键词，就会有利于提高关键词排名。

3. 吸引蜘蛛程序爬行

交换友情链接不仅可以为网站带来流量，而且能够吸引蜘蛛程序爬行。大多数网站的访问量一般都来自搜索引擎，如果友情链接做得好，能吸引蜘蛛程序从高质量的网站爬到自己的网站，使蜘蛛程序形成爬行循环，让搜索引擎给自己的网站一个高的评价，对网站流量快照更新和网站收录都有较大帮助。

4. 提高网站知名度

在特定的情况下，友情链接还会增加网站的知名度。例如，一个新上线的网站，如果可以获得一些知名网站的友情链接，那么它的知名度很容易在短时间内得到大幅度的提高；另外，一些企业网站，如果能得到该行业一些知名"大V"的友情链接，也可以达到提高知名度的效果。

6.4.3 友情链接交换的注意事项

做好友情链接能够给网站带来很好的效果，但是如果没有注意以下几点，那么友情链接可能不能对网站产生正面作用。

1. 尽量选择权重高的网站

一般来说，权重高的网站页面内容比较丰富，PR值也比较高，更受搜索引擎信赖，因此，在选择友情链接的时候，尽量选择权重高的网站。

2. 和自身网站内容具有相关性

在交换友情链接的时候，只有选择那些相关性高的网站交换友情链接，才能给自己带来精准的流量。

3．避免同站IP

如果要交换友情链接的网站跟自身网站碰巧在一个IP，那么最好不要交换友情链接，否则会被搜索引擎认为是作弊。

4．注意友情链接的数量

友情链接的数量也是一个值得重视的因素，并不是越多越好。因为友情链接数量过多，会分散网页的权重，也会给搜索引擎一种错觉，影响其对网站价值的评判。

5．注意对方网站的友情链接状况

第一，观察对方网站首页头部代码及友情链接附近是否使用Nofollow标签，如果使用了Nofollow标签，就不宜交换，因为这种友情链接是不传递权重的；第二，查看对方网站给你添加友情链接是否调用js跳转，如果是，那就不宜交换，因为搜索引擎抓取不了js代码；第三，如果对方网站是靠大量站群、反链撑起来的，那该网站也不适合交换友情链接，因为质量低的友情链接对网站排名不起作用，甚至还会起反作用。因此，如果对方网站出现以上状况，宁可错过也不要交换友情链接。

6.4.4　友情链接交换的渠道

友情链接交换的渠道包括：友情链接交换平台、QQ群、搜索引擎、友情链接交易网站等。

1．友情链接交换平台

友情链接交换平台就是专门用于友情链接交换的平台，目前友情链接交换平台有很多。在平台上注册后，如果收到其他站长的友情链接申请，只需要点击"同意"，然后添加对方的链接，即可与对方网站交换友情链接。

2．QQ群

QQ群相对于其他交换方式较活跃，信息也更加完整，但是链接质量良莠不齐，需要我们加以判断，以免给自身网站带来负面影响。

3．搜索引擎

我们可在搜索引擎中搜索和自身网站相关的关键词，从搜索结果中寻找适合的网站站长进行治谈。这种方法看起来效率比较低，但是质量却是比较高的。

4．友情链接交易网站

通过友情链接交易网站购买获得友情链接，是一种比较快捷、有效的方式。但是购买链接需要注意：切忌大量购买链接，并务必注意链接的质量；付费链接存在被搜索引擎处罚的风险，在网站权重获得提高后需逐步放弃付费链接。

6.5 WAP站点优化

WAP是一种向移动终端提供互联网内容和先进增值服务的全球统一的开放式协议标准，是简化了的无线Internet 协议。WAP 将Internet和移动电话技术结合起来，使随时随地访问丰富的互联网络资源成为现实。

6.5.1 搜索引擎友好的手机站

扫码看视频

当用户在手机上进行搜索时，除了搜索结果外，页面的加载速度体验、页面结构、页面浏览体验、资源或功能的易用性等，都会影响移动用户体验的满意度。评价搜索引擎友好性可以从以下几个方面进行。

1. 页面加载速度体验

在移动端互联网上，页面的加载速度对用户体验的影响日趋明显。研究表明，用户期望且能接受的页面加载时间通常在3秒内，若超过5秒，大部分用户会失去耐心而选择离开。

2. 页面结构

一个优质的页面结构，能够让用户进入页面后，一眼就能看到页面的主要内容，快速找到所需要的信息，并快速了解页面各模块的主要内容。

一个优质的页面结构，需要满足以下两个方面的内容。

（1）页面能够根据屏幕调整内容大小。用户无须左右滑动，也无须进行缩放操作，就能清晰辨识网页中的内容。

（2）页面的主体内容应该位于首屏的中心位置，保证其他相关性低的内容对页面主体无干扰，杜绝应用恶意弹窗/浮层的行为。

3. 页面浏览体验

页面浏览体验和页面结构密切相关，若页面结构差，用户的浏览体验就无从谈起。要想给用户更好的浏览体验，在页面结构方面还应该注意文本内容排版、背景颜色等问题。例如，页面主体中的文本内容和背景色应有明显的区分；页面主体的文本内容应段落分明，整齐划一。

4. 资源易用性

由于页面主体内容载体不同，资源易用性的标准有所不同，如表6-3所示。

表6-3 资源易用性

页面主体	资源特点
首页或索引页	提供的导航链接和内容应清晰有效
文本页	提供的内容应清晰完整，层次分明，包括文章页、问答页、论坛页等

续表

页面主体	资源特点
Flash	Flash 是移动设备上不常用的资源形式，应尽量避免使用
音频/视频页	音频/视频应能够直接播放，且音频/视频资源清晰、优质
App下载	应提供直接下载服务，杜绝出现欺诈性下载手机助手和应用市场的行为
文档页	应提供可直接阅读的文档，且文档阅读体验好。避免出现将文档资源转化为图片资源的方式，不仅影响用户体验，而且对搜索引擎也不友好
服务页&功能页	提供的服务或功能应易用、好用

5. 功能易用性

由于页面主体功能不同，功能易用性的标准也有所不同，如表6-4所示。

表6-4　功能易用性

页面主体	功能
商品页	应提供完整的商品信息和有效的购买路径
搜索结果页	罗列的搜索结果应与搜索词密切相关
表单页	主要指注册页、登录页、信息提交页等，应提供完整、有效的功能

6.5.2　WAP网站如何优化

随着时代的不断发展，越来越多的用户开始使用移动设备来访问网站，而移动端网站的优化也越来越受重视。SEO人员应该如何进行移动端网站的优化，才能使其在搜索引擎中获得良好的排名呢？移动端网站的优化与PC端网站的优化，其内容是差不多的，主要包括域名、服务器、网站语言、图片和Flash、网站结构、网状链接、URL等方面的优化。

扫码看视频

1. 域名

域名是用户对一个网站的第一印象。一个好的移动域名，不仅容易记忆，易于输入，还方便用户向其他人推荐。需要注意的是，域名应尽量简短易懂：越简短的域名，记忆成本越低；越易懂的域名，越能让用户更直观了解网站主旨。

2. 服务器

移动端网站对服务器的配置要求也是很高的，如果服务器性能不稳定，App就会出现卡顿、无法运行等情况，因此，移动端网站一定要选择正规服务器商，以保证服务器的安全性和稳定性。

（1）采用多层业务结构

在设计App服务端架构的时候需要考虑业务的复杂性和可拓展性。一方面企业可以租用多台服务器来负载均衡，另一方面为了保障数据的安全，如涉及资金机

Chapter

6

密，就需要对硬盘做好raid 5阵列，以免硬件损坏导致数据丢失。

（2）做好数据压缩和加密

对数据进行压缩和加密，一方面可以为用户节约流量，另一方面还能够防止在通信请求的过程中出现数据被拦截情况，保护用户的隐私和商业机密。

（3）增强App端的数据缓存

设计App端的时候可以将一些通用的素材压缩后缓存在本地App端，这样不仅能缓解服务端带宽的压力，也可以加快用户的数据加载速度，提升用户的使用体验。

（4）选择可靠的高防服务器

由于App的使用人群通常比较多，所以对于服务器的硬件要求相当高，尤其是游戏和购物类的App，经常会有一些促销和充值优惠活动，这种活动会给服务器带来较大压力。租用高防服务器不仅能够保障服务器的网络保持稳定，也可以对整体架构数据进行备份，增加安全性。

3. 网站语言

在建设移动端网站的时候，最好采用HTML5作为网站语言，并且根据不同终端机型进行自动适配。

HTML5是近几年逐渐发展成熟的Web前端开发技术。在客户端浏览方面，HTML5可以根据用户所使用终端的屏幕大小来自动调整网页大小，以达到最好的浏览效果。在手机端，它可以适应不同的系统。这样，无论用户使用哪种系统的手机，都可以非常舒服地浏览网站内容。

4. 图片和Flash

移动端网站不要使用太多图片和Flash，太多的图片和Flash将会占用很大的流量，这对于手机用户而言，无疑会浪费时间和流量，此外还会影响网站的打开速度，而且不利于蜘蛛程序的抓取。

5. 网站结构

移动端不同于PC端，其最大的区别是屏幕尺寸的限制，相同的内容在手机屏幕上显示的效率要低很多。如果直接按照PC端显示所有内容，页面信息很容易混乱不堪。因此，需要对信息进行优先级划分，并且合理布局，提升信息的传递效率。因此，移动端网站最好采用树状结构，这样可以让搜索引擎快速地理解网站中的每一个页面所处的结构层次。

6. 网状链接

用户浏览网站的目的是搜索信息、解决问题，因此，网站的首页到内页的层级要尽量少，这样可以方便用户快速找到信息，也有利于蜘蛛程序的抓取。移动端网站内部链接最好采用网状结构，避免出现链接孤岛。

7. URL

虽然移动端网站是一个二级域名，但是也要注意页面域名的规范化，URL最好设置成关键词的拼音或者英文单词，这样可以提高关键词的排名。另外，建议页面URL链接跳转最好是正常格式的目标URL，不要中间进行跳转。

拓展阅读：避免死链接

死链接是网站建设中的专业术语，也称为无效链接，就是那些无法响应的链接。死链接会严重影响网站收录、蜘蛛程序抓取、网站权重和排名等，因此，网站中应尽量避免死链接。常用的避免死链接的方法如下。

（1）网站上传前，利用网页制作工具检查链接情况，将死链接扼杀在上传前。

（2）提高网站管理人员的意识，要求其定期使用网站死链接检测工具查询网站中是否存在死链接。

（3）解决网站程序错误。

（4）制作404页面，跳转到正常页面。

思考与练习

一、填空题

1. 按照链接路径的不同，链接一般分为_____、_____和_____。

2. Nofollow是链接的_____标签属性，这个标签是用来告诉搜索引擎不要追踪此网页上的链接或某个指定的链接。

3. 锚文本实际上是建立了_____与_____的关系，将网页的关键词做成链接，指向网站中的其他页面。

二、判断题

1. 为网站添加外部链接时，数量一定要多，不用考虑外部链接的质量。（　　）

2. 使用了 Nofollow标签的网站不宜交换友情链接，因为这种友情链接是不传递权重的。（　　）

3. 锚文本应该集中在导航和页脚中。（　　）

三、单项选择题

1. 下列选项中，关于添加外部链接的原则描述错误的是（　　）。

  A. 内容质量要高   B. 集中快速添加

  C. 内容具有相关性   D. 锚文本分散自然

2. 下列选项中，属于外部链接作用的是（　　）。

  A. 节约蜘蛛程序资源

  B. 引导浏览，提升用户体验，减少跳出率

  C. 提高网站权重和关键词排名

  D. 帮助抓取及索引相应页面

3. 下列选项中，关于友情链接的说法正确的是（　　）。

  A. 友情链接是一种特殊的外部链接

  B. 友情链接不属于外部链接

  C. 选择友情链接的时候，不需要考虑对方网站权重

D．友情链接和自身网站可以在同一个IP

四、简答题

1．什么是锚文本？

2．什么是友情链接？

3．简述Nofollow标签的作用。

任务实训

任务实训1

实训目的	
帮助读者进一步了解友情链接，学会交换友情链接	
实训内容	
搜索并加入友情链接QQ群，通过QQ群交换友情链接	
实训步骤	
序号	内容
1	在QQ【查找】对话框的【找群】选项卡中，搜索"友情链接"
2	在找到的交换友情链接QQ群中，通过聊天的方式找到合适的友情链接

任务实训2

实训目的	
帮助读者更好地了解网站外部链接	
实训内容	
通过爱站网查询知乎网的外部链接情况	
实训步骤	
序号	内容
1	进入爱站网，通过工具导航找到"反链查询"
2	通过"反链查询"查看知乎网的外部链接的反链趋势、标题、网址、权重等

第7章

SEO效果监测与SEO作弊及惩戒

学习目标

√ 了解常用的SEO综合查询工具。
√ 掌握网站流量分析的相关知识。
√ 掌握网站非流量数据分析的相关知识。
√ 了解SEO作弊及惩戒。

素养课堂

技能目标

√ 可以熟练使用SEO综合查询工具。
√ 能够对网站流量和非流量数据进行分析。

7.1 SEO综合查询工具

在进行搜索引擎优化时，经常需要用到SEO综合查询工具。这类工具的使用方法一般都比较简单，用户只需要输入网站地址，就可以查询到该网站的很多SEO数据，包括Alexa排名、网站权重、反链数、出站链接、网站速度和域名年龄等。

常用的SEO综合查询工具有站长工具网和爱站网等。

扫码看视频

7.1.1 Alexa排名

Alexa排名是指网站的世界排名，主要分为综合排名和分类排名，提供了综合排名、7天排名趋势图、预估流量等多个评价指标信息，是当前较为权威的网站访问量评价指标。

在站长工具网的SEO综合查询结果中，单击"AlEXA世界排名"后的数字，如图7-1所示，即可查看查询网站的Alexa排名的所有评价指标信息，如图7-2所示。

图7-1　SEO综合查询结果

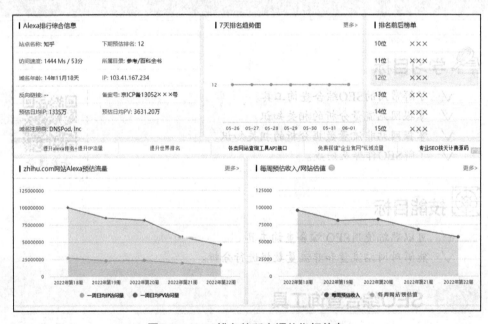

图7-2　Alexa排名的所有评价指标信息

【案例解析】SEO 综合查询工具——站长工具网

打开站长工具网，在"SEO综合查询"搜索文本框中输入要查询的网站地址，单击【查询】按钮，即可显示该查询网站的SEO综合查询结果，如图7-3所示。

图7-3 站长工具网

从图7-3所示的查询结果中，我们可以看到该网站在搜索引擎的权重、网站排名等信息，帮助我们了解网站当前的搜索引擎优化情况，而且对于后续的搜索引擎优化大有裨益。

7.1.2 网站权重

网站权重是指搜索引擎给网站（包括网页）赋予一定的权威值，对网站（包括网页）进行权威的评估、评价。一个网站（包括网页）的权重越高，在搜索引擎中所占的份额越大，在搜索引擎中的排名就越好。提高网站（包括网页）权重，不但可以使网站（包括网页）在搜索引擎中的排名更靠前，还能提高网站的流量和信誉度。因此，提高网站的权重对网站具有非常重要的意义。

在站长工具网的首页，单击【权重查询】下拉按钮，在弹出的下拉列表中选择【百度PC权重】选项，如图7-4所示；打开百度权重查询页面，在百度权重查询搜索文本框中输入要查询的网址，单击【查询】按钮，即可查询到该网站的百度权重的各项指标信息，如图7-5所示。

首页	SEO优化 ∨	权重查询 ∧	热门工具 ∨	星网词库 ∨	API商城 ∨	更多 ∨
	百度PC权重 HOT	百度移动权重 HOT	指数查询	360移动权重		
	网站在百度PC的权重信息	网站在百度移动的权重信息	关键词的全网指数信息	网站在360移动的权重信息		
	360PC权重	搜狗PC权重	搜狗移动权重 HOT	神马权重		
	网站在360PC的权重信息	网站在搜狗PC的权重信息	网站在搜狗移动的权重信息	网站在神马的权重信息		
	头条权重	综合权重查询 HOT	关键词变化榜 HOT	子域名查询		
	网站在头条的权重信息	网站在各搜索引擎的权重信息	关键词排名异动信息	网站的子域名SEO信息		

图7-4 权重查询

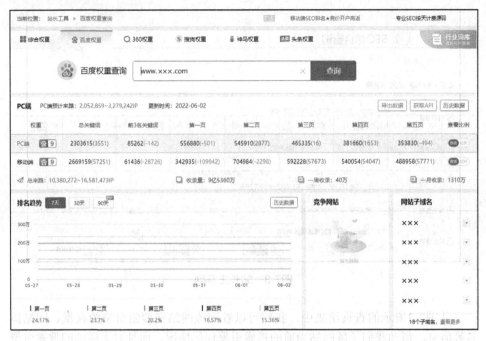

图7-5　查询百度权重指标信息

7.1.3　反链数

　　反链数是指从别的网站导入某网站的链接数量。导入链接对于网站优化来说是非常重要的一个过程。导入链接的质量直接决定了某网站在搜索引擎中的权重。

　　在站长工具网的首页，单击【SEO优化】下拉按钮，在弹出的下拉列表中选择【反链外链查询】选项，如图7-6所示；打开反链查询页面，在反向链接搜索文本框中输入要查询的网址，单击【查询】按钮，即可查询到该网站反链的各项指标信息，如图7-7所示。

首页	SEO优化 ⌄	权重查询 ⌄	热门工具 ⌄	星网词库 ⌄	API商城 ⌄	更多 ⌄
	SEO综合查询 HOT 网站的SEO相关信息	关键词排名查询 网站的关键词排名信息	友情链接查询 网站的友情链接信息	反链外链查询 网站的反链信息		
	死链查询 网站的死链信息	竞争网站分析 HOT 竞争对手网站的权重关键词信息	关键词优化分析 HOT 关键词优化难度及排名权重信息	关键词挖掘 HOT 挖掘更多流量关键词		
	关键词密度检测 网站的关键词密度检测	收录查询 网站的收录信息	竞品分析 HOT 监控竞争对手网站的SEO相关信息	SEO实时监控 HOT 实时监控网站的SEO相关信息		
	同IP网站查询 同一IP下的网站SEO信息	SEO历史数据 网站的SEO历史信息	网站SEO报告 网站SEO检测报告	Robots.txt检测 检测网站Robots状态和内容		
	全网下拉词 覆盖多平台全方位掌握流量动态	原创度检测 文章原创度在线检测	竞价大数据 NEW 分析同行竞品SEM策略			

图7-6　反链外链查询

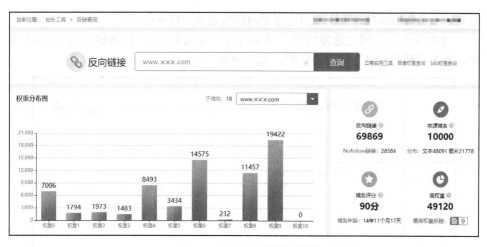

图7-7　查询反链指标信息

7.1.4　出站链接

出站链接数也是进行SEO效果监测需要关注的一项数据，因为出站链接也可以传递权重，高质量的出站链接所传递的权重也较高，会对网站在搜索引擎中的排名有较为正向的影响。网站上的友情链接、锚文本等都是出站链接。

在爱站网的SEO综合查询结果中，在SEO信息行中可以查看网站的出站链接数，如图7-8所示。

图7-8　网站的出站链接数

需要注意的是，出站链接和外部链接不是完全相同的。

7.1.5　网站速度

网站速度分为响应速度和加载速度两个方面，响应速度是提交访问网站的请求之后，服务器响应的速度；加载速度是网站的加载、打开速度。

通常情况下，网站速度越快，排名越好。在站长工具网的SEO综合查询结果中，单击"网站速度"右侧的时间，如图7-9所示。

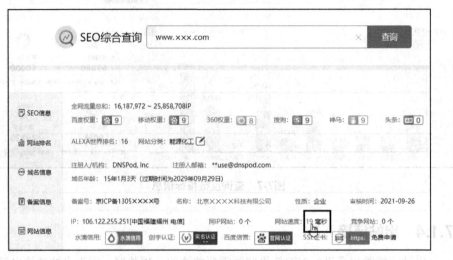

图7-9　网站速度

进入Ping检测页面，单击【Ping检测】按钮，即可查看查询网站不同线路的响应时间，如图7-10所示。

图7-10　网站不同线路的响应时间

7.1.6　域名年龄

域名年龄是指域名的使用时间。需要注意的是，这个时间指的是域名第一次被注册使用至今的时间。例如，一个域名是3年前注册的，但是这个域名只用了1个月，后来就不用了，则域名年龄是3年，而不是1个月。

网站域名年龄越大，说明网站建立的时间越久，往往可以产生更多的外部链接，这有利于提高网站的权重，提升网站的SEO效果。此外，长期使用一个域名也能够积累一定的信誉度，有利于提高网站流量。

在站长工具网的SEO综合查询结果中，就可以查看网站的域名年龄，如图7-11所示。

图7-11　域名年龄

7.2　网站流量分析

网站流量分析是网站运营维护的基础性工作，是指在获得网站访问量基本数据的情况下，对有关数据进行统计和分析，其最终目的是调整网站内容和营销策略，以获得更好的营销效果。

7.2.1　网站流量分析指标

网站流量分析指标是指在对网站流量分析的过程中，可以用来对网站SEO效果进行评价的指标，主要包括浏览量、访客数、访问次数、跳出率、平均访问时长、转化次数及转化率等。

1．浏览量

浏览量（Page View，PV）是指所有用户浏览页面的总和，一个独立用户每打开一个页面就被记录1次。

网站运营者可以通过分析网站浏览量，分析用户是否对网站感兴趣，更重要的是，可以通过分析每个栏目下的浏览量，分析哪一个页面对于网站的浏览量贡献最大。

在"百度统计"工具中，可以看到网站浏览量的变化趋势，还可以了解用户是

扫码看视频

通过哪些搜索词进入网站的，浏览了网站的哪些页面，这些页面占总浏览量的百分比等，如图7-12所示。

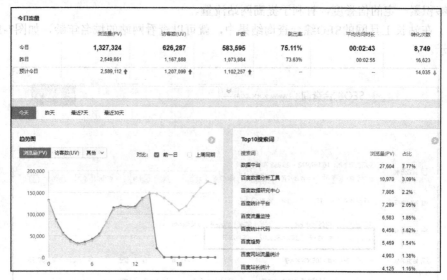

图7-12　网站浏览量

2. 访客数

访客数（Unique Visitor，UV）即唯一访客数，是指一天之内网站的独立访客数，一天内同一访客多次访问网站只算1个访客。因此，通常访客数小于浏览量。

网站运营者之所以要分析访客数，是因为访客数可以在一定程度上表示进入网站的用户数，再结合总浏览量，就可以计算出每个用户平均访问的页面。在对访客数进行分析时，还需注意的两个指标是新访客数和老访客数。新访客数可以用来衡量网站推广活动的效果，新/老访客的比例可以反映一段时间内网站运营的情况，即网站吸引新客户的能力和保留老客户的能力。

在"百度统计"工具中，可以看到网站访客数的变化趋势，还可以统计新/老访客的比例情况，如图7-13所示。

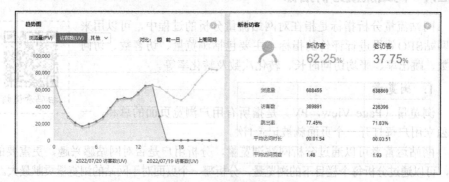

图7-13　网站访客情况

3．访问次数

访问次数表示该网站被访问的次数。一个用户对一个网站的访问被认为是1次访问。如果用户离开网站后再次访问，访问次数就会被记录为增加1次。

> **🎓 提示**
>
> 　　当出现以下情况时，系统会认为访问结束。
> 　　① 当浏览器或页面被关闭时，系统会判定访问结束。
> 　　② 当用户在 PC 端 30 分钟内或移动端 5 分钟内没有进行任何点击、滚动、输入、重新加载页面、打开新页面等操作时，系统会判定访问结束。PC 端和移动端的超时时间可以根据业务情况，在档案设置中进行设置。
> 　　③ 当用户在访问过程中，又通过其他广告或搜索来源进入网站时，会被记为新的访问，在第一次访问中打开的页面，如果在第二次访问中被再次激活，视为第二次访问的访问行为。

4．跳出率

跳出率为跳出访问数与总访问数的比值。网站跳出率是评价网站性能的一个重要指标，如果跳出率较高，说明网站用户体验不好，用户刚进去就退出去了；反之，如果跳出率较低，说明网站用户体验不错，用户能够找到自己需要的内容，而且很可能以后还会再次访问该网站，这样提高了用户黏性，从而慢慢地积累大量的网站用户。

在"百度统计"工具中，我们可以查看某段时间内的网站跳出率，如图7-14所示。从图7-14可以大致看出，网站近30天的跳出率都在70%左右，也就是说100个用户来到该网站的某一个页面时，大约有70个用户在网站中没有打开入口页以外的第二个页面就离开了。

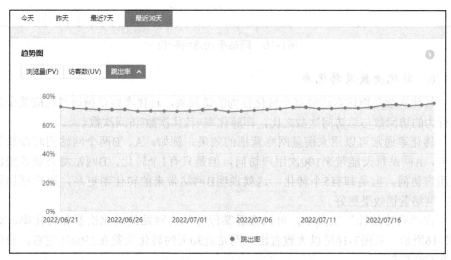

图7-14　网站跳出率

5. 平均访问时长

平均访问时长是指用户浏览一个页面或整个网站所花费的总时间与某一统计时间内访问该页面或整个网站的次数之比。

平均访问时长是网站分析的一个重要指标，通常用于评估网站的用户体验，并指导网站和页面的改进。平均访问时长越长，说明网站或页面对用户越有吸引力，用户就越喜欢它。反之，则说明网站对用户的吸引力越小，网站需要优化。

在"百度统计"工具中，我们可以查看某段时间内的平均访问时长，如图7-15所示。从图7-15可以大致看出，网站近30天的平均访问时长在3分钟（即180秒）左右，在一定时间内的总停留时间为1800秒。在这段时间内，总访问次数为10次，因此该页面或网站的平均访问时长为1800秒/10=180秒。

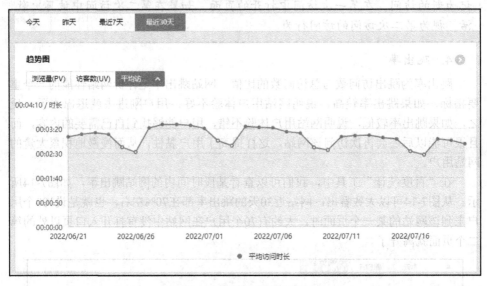

图7-15　网站平均访问时长

6. 转化次数及转化率

转化次数是指访客达成某个转化行为的访问数，转化率则是指访客达成某个转化行为的访问数与总访问次数之比，即转化率=转化次数/访问次数。

转化率通常可以用来衡量网络营销的效果。例如，A、B两个网站同时投放了广告，A网站每天能带来100次用户访问，但是只有1个转化，B网站每天能带来10次用户访问，但是却有5个转化。这就说明B网站带来的转化率更高，用户更加精准，网络营销效果更好。

在"百度统计"工具中，可以查看某段时间内网站的转化次数和转化率，如图7-16所示。从图7-16可以大致看出，网站近30天的转化次数在2500次左右，转化率在17%左右。

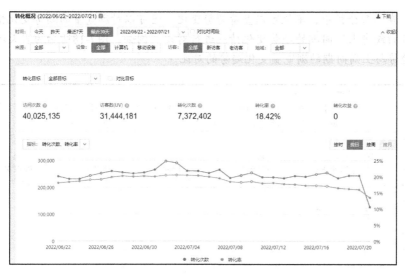

图7-16　网站转化次数和转化率

7.2.2　网站流量趋势分析

网站流量趋势分析的主要目的是分析网站的流量是否均衡、稳定，是否有大幅度波动。将流量变化的趋势与网站的实际运营方法结合分析，分析哪些运营方法会引起流量上升，哪些运营方法会引起流量下降，能够为以后的网站运营优化提供依据。

扫码看视频

【案例解析】在"百度统计"中查看网站流量趋势分析

通过"百度统计"工具进行网站流量分析的具体操作步骤如下。

01　在"百度统计"工具中，在左侧导航窗格中切换到【流量分析】→【趋势分析】选项卡，即可看到当日的浏览量趋势变化情况，如图7-17所示。

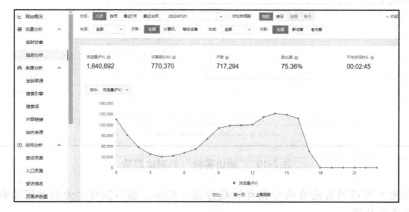

图7-17　浏览量趋势图

02 在趋势分析中，不仅可以查看趋势变化，还可以对浏览量的趋势变化情况与前一日的或者上周同期的趋势变化情况进行对比。例如，图7-18所示为当天浏览量变化趋势与上周同期的浏览量变化趋势的对比。

图7-18 与上周同期的浏览量变化趋势的对比

03 单击图表左上角的【指标：浏览量】下拉按钮，可以选择查看其他流量指标的趋势图。例如，图7-19所示为"新访客数"的对比趋势。

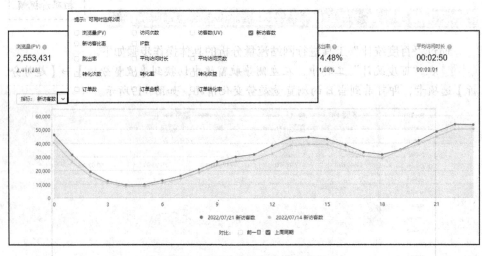

图7-19 "新访客数"的对比趋势

04 用户可以同时查看两个指标的趋势图。例如，图7-20所示为新访客数和新访客比率的趋势图。

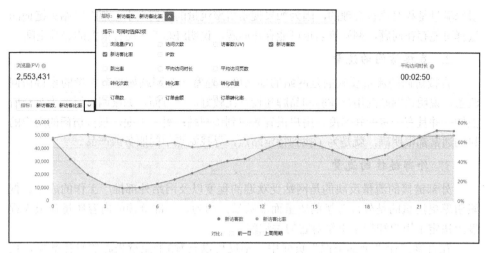

图7-20　新访客数和新访客比率的趋势图

7.2.3　网站流量来源分析

扫码看视频

网站流量来源分析的目的是更好地进行网站SEO，通过数据分析找到问题，提出建议，并提供数据支持。

网站流量的来源主要可以分为3种：搜索引擎、直接访问和外部链接，如图7-21所示。

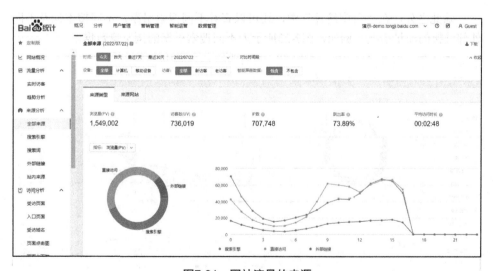

图7-21　网站流量的来源

1. 搜索引擎的流量

搜索引擎的流量可以反映网站SEO的水平，通常一个健康的网站拥有50%的搜索引擎流量是相对比较合理的，因为如果搜索引擎流量的比例太小，那么网站关键词的选择可能存在问题，网站排名也可能存在问题，说明SEO工作还有很大的提升空间。

2. 直接访问的流量

直接访问的流量反映的是网站的知名度。通常一个网站如果有大量的直接访问流量，说明该网站的用户体验和品牌建设都比较好。一方面，如果网站已经为公众所熟知，并且有一定的知名度，用户很容易找到该网站；另一方面，直接访问的用户的目的通常都很明确，就是为了找到特定站点，寻找站点中的服务或产品。

3. 外部链接的流量

外部链接的流量反映的是网站受欢迎的程度以及网站外部推广工作的成效。搜索引擎更注重的是外部链接的质量而非数量，因为，外部链接的内容质量在很大程度上决定了用户和搜索引擎对它的关注度。

在百度统计"全部来源"页面中，不仅可以查看3个流量来源的具体数据，还可以查看3个流量来源的数据占比和变化趋势，如图7-22所示。

来源类型		网站基础指标			流量质量指标	
		浏览量(PV) ↓	访客数(UV)	IP数	跳出率	平均访问时长
+ 1	搜索引擎	685,604	382,974	352,237	80.27%	00:01:41
2	直接访问	671,269	266,219	250,918	62.73%	00:04:45
+ 3	外部链接	192,129	106,826	104,593	75.95%	00:02:28
当前汇总		1,549,002	736,019	707,748	73.89%	00:02:48

图7-22　不同流量来源的具体数据

除此之外，在"百度统计"中，还可以查看不同搜索引擎、不同搜索词及不同外部链接的流量情况。例如，图7-23所示为不同搜索引擎的浏览量数据。

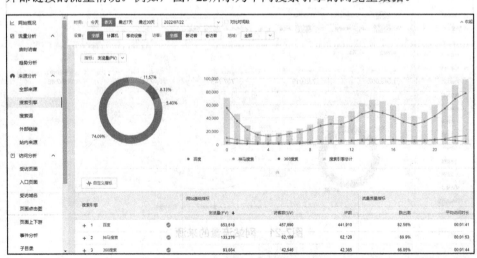

图7-23　不同搜索引擎的浏览量数据

7.2.4　网站页面访问分析

网站页面的访问分析，可以从受访页面、入口页面等多个方面进行，SEO 人员可以从中了解哪些页面及页面内容是受用户欢迎的、用户进入网站所使用的域名的情况等，以便进一步明确用户的需求，从而更好地对网站进行优化。

扫码看视频

1. 受访页面数据分析

在"百度统计"中，通过左侧的导航窗格，切换到【访问分析】→【受访页面】选项卡，即可查看网站页面受访情况的数据，如指标概览、页面价值分析、入口页分析和退出页分析等。

（1）指标概览

在【指标概览】选项卡中，可以查看网站各个页面的浏览量、访客数、贡献下游浏览量、退出页次数和平均停留时长等数据，如图7-24所示。

（2）页面价值分析

在【页面价值分析】选项卡中，可以查看用户进入网站后比较关注哪些页面及这些页面的相关数据，如图7-25所示。SEO 人员可以根据这些数据了解用户在网站上关注的内容，并根据这些内容与数据及时更新或调整页面信息和布局，以便更好地促成用户转化。

图7-24　指标概览

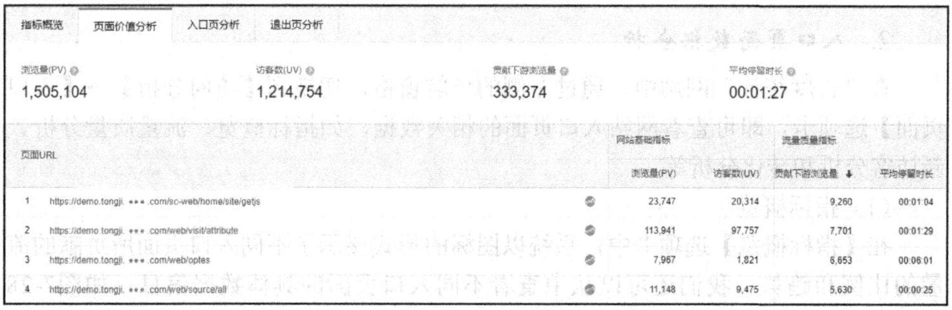

图7-25　页面价值分析

（3）入口页分析

在【入口页分析】选项卡中，可以查看用户进入网站后的一些情况，如先访问的哪些页面，如图7-26所示。这些页面是用户对网站的第一印象，会直接影响用户是否继续访问网站及最终是否选择网站的产品或服务的意愿。SEO人员可以从页面美观性、操作方便性、内容专业性等多方面提升这些页面的质量，以吸引用户对网站的继续关注。

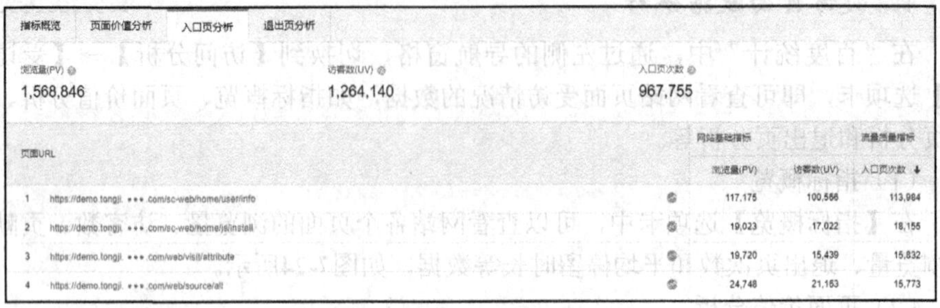

指标概览	页面价值分析	入口页分析	退出页分析					
总流量(PV)		访客数(UV)			入口页(次数)			
1,568,846		1,264,140			967,755			
					网站基础指标		流量质量指标	
页面URL					流量量(PV)	访客数(UV)	入口页(次数)	
1	https://demo.tongji.***.com/sc-web/home/user/info				117,175	100,566	113,964	
2	https://demo.tongji.***.com/sc-web/home/js/install				19,023	17,022	18,155	
3	https://demo.tongji.***.com/web/visit/attribute				19,720	15,439	15,832	
4	https://demo.tongji.***.com/web/source/all				24,748	21,153	15,773	

图7-26　入口页分析

（4）退出页分析

在【退出页分析】选项卡中，可以查看用户退出网站的页面是哪些，如图7-27所示。通常情况下，除了结账完成、注册完成等特殊页面的退出率高属于正常情况，其他页面的退出率高通常是存在问题的，如页面打开速度慢或页面显示出错等。对于退出率高的页面，SEO人员需要及时找出原因并进行优化。

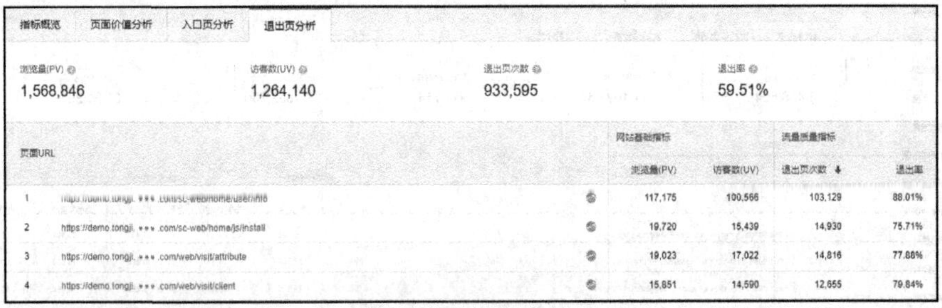

指标概览	页面价值分析	入口页分析	退出页分析				
总流量(PV)		访客数(UV)		退出页次数		退出率	
1,568,846		1,264,140		933,595		59.51%	
				网站基础指标		流量质量指标	
页面URL				流量量(PV)	访客数(UV)	退出页次数	退出率
1	https://demo.tongji.***.com/sc-web/home/user/info			117,175	100,566	103,129	88.01%
2	https://demo.tongji.***.com/sc-web/home/js/install			19,720	15,439	14,930	75.71%
3	https://demo.tongji.***.com/web/visit/attribute			19,023	17,022	14,816	77.88%
4	https://demo.tongji.***.com/web/visit/client			15,851	14,590	12,655	79.84%

图7-27　退出页分析

2. 入口页面数据分析

在"百度统计"网站中，通过左侧的导航窗格，切换到【访问分析】→【入口页面】选项卡，即可查看网站入口页面的相关数据，如指标概览、流量质量分析、新访客分析和转化分析等。

（1）指标概览

在【指标概览】选项卡中，系统以图标的形式展示了不同入口页面所贡献的流量的比例和趋势。我们还可以从中查看不同入口页面的具体数据信息，如图7-28所示。

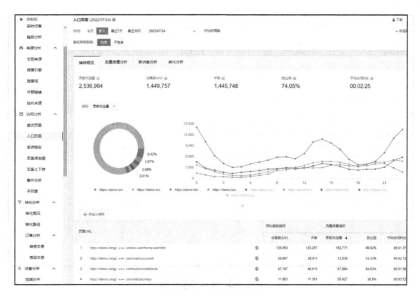

图7-28　指标概览

（2）流量质量分析

在【流量质量分析】选项卡中，我们可以查看各入口页面的访问次数、访客数、贡献浏览量、跳出率、平均访问时长和平均访问页数等指标的占比情况、趋势以及具体的数据信息，如图7-29所示。

图7-29　流量质量分析

（3）新访客分析

在【新访客分析】选项卡中，我们可以查看各入口页面的贡献浏览量、访客数、新访客数和新访客比率等指标的占比情况、趋势以及具体的数据信息，如图7-30所示。

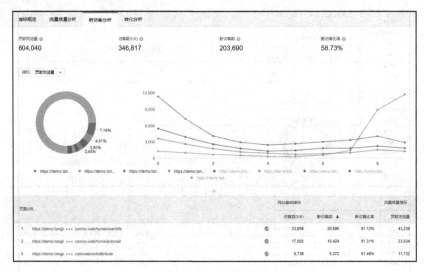

图7-30　新访客分析

（4）转化分析

在【转化分析】选项卡中，可以查看各入口页面的贡献浏览量、访问次数、转化次数和转化率等指标的占比情况、趋势以及具体的数据信息，如图7-31所示。

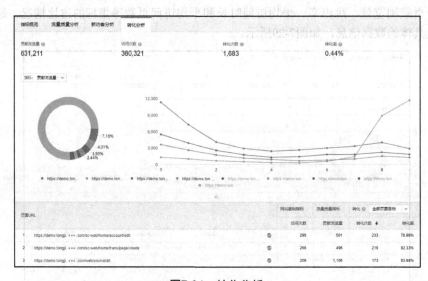

图7-31　转化分析

7.2.5　网站页面转化分析

SEO人员可以通过从转化概况、转化路径等多个方面进行网站页面的转化分析，了解网站的整体转化情况以及转化的路径。

扫码看视频

1．转化概况分析

在"百度统计"网站中，通过左侧的导航窗格，切换到【转化分析】→【转化概况】选项卡，即可查看不同转化目标的转化次数、转化率及转化收益等，如图7-32所示。

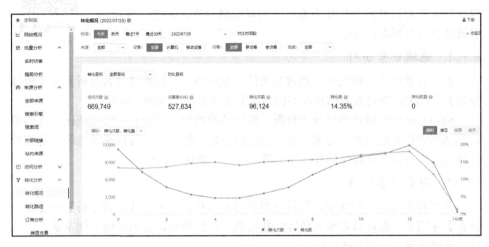

图7-32　转化概况分析

2．转化路径分析

在"百度统计"网站中，通过左侧的导航窗格，切换到【转化分析】→【转化路径】选项卡，即可查看用户达成指定转化目标的各个转化路径情况，如图7-33所示。

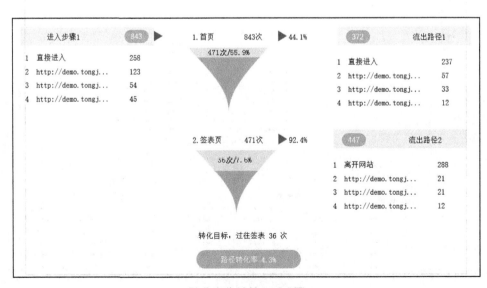

图7-33　转化路径分析

7.2.6　网站访客分析

　　网站页面的访客分析，可以从地域分布、新老访客、访客属性、系统环境及忠诚度等多个方面进行，SEO人员可以通过这些数据明确网站用户群体的特点和需求，然后再结合网站自身的实际情况，制定针对性的网站优化方案。下面以地域分布、新老访客和访客属性分析为例进行讲解。

扫码看视频

　　1.　地域分布分析

　　在"百度统计"网站中，通过左侧的导航窗格，切换到【访客分析】→【地域分布】选项卡，即可查看网站在不同地区的流量数据，如图7-34所示。

　　SEO人员可以通过地域分布数据了解网站的用户主要分布在哪些地区，进而帮助网站制定针对性的推广方案。对于已经进行推广的地区，可以通过地区的这些数据评估推广方案的合理性和有效性，然后进一步优化与调整。

　　2.　新老访客分析

　　在"百度统计"网站中，通过左侧的导航窗格，切换到【访客分析】→【新老访客】选项卡，即可查看新老访客的数据信息，如新老访客的比例、浏览量、访客数、跳出率等，如图7-35所示。

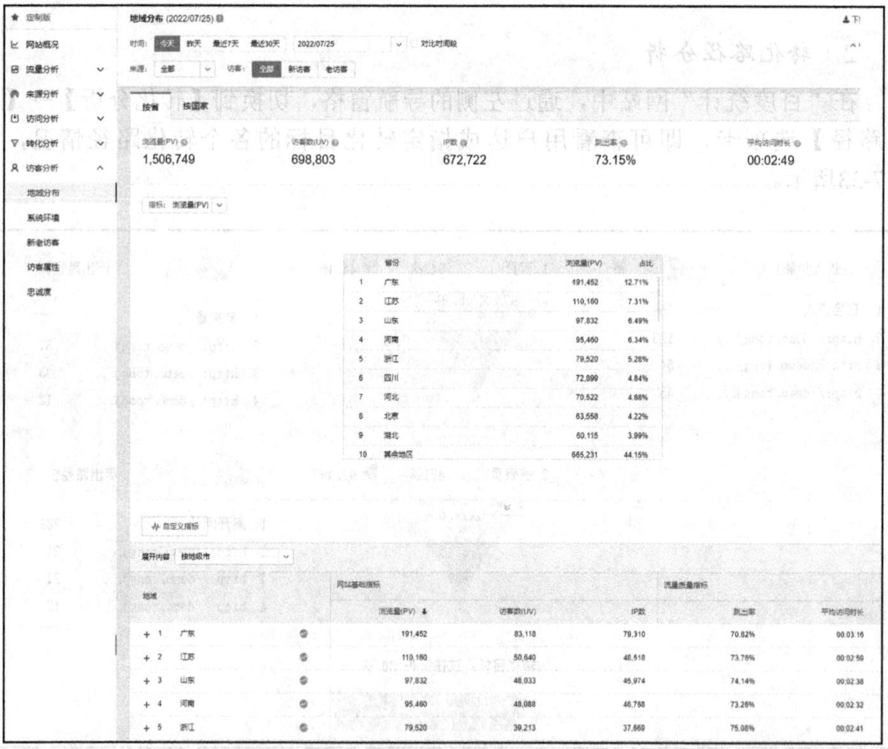

图7-34　地域分布分析

图7-35　新老访客分析

通常，处于成长期的网站新访客的比例是很大的，而处于稳定期的网站老访客的比例一般会逐渐增加，然后逐渐趋于稳定。如果网站的老访客的比例一直处于比较低的水平，则说明网站的内容对老用户没有吸引力，SEO人员就需要对网站内容进行优化与调整。

3. 访客属性分析

在"百度统计"网站中，通过左侧的导航窗格，切换到【访客分析】→【访客属性】选项卡，即可查看访客的属性信息，如性别比例、年龄分布、学历分布、职业分布等，如图7-36所示。

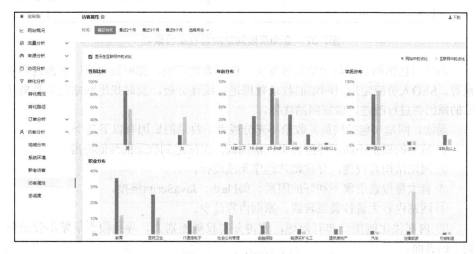

图7-36　访客属性分析

SEO人员通过了解网站访客的属性，可以从更多的角度分析用户行为，为网站优化提供更准确的依据。

7.3 网站非流量数据分析

网站数据的分析不仅包括网站流量分析，还包括网站的非流量数据分析。网站的非流量数据分析主要包括网站页面收录情况分析、网站排名数据分析和网站外部链接数据分析等。

扫码看视频

7.3.1 网站页面收录情况分析

页面收录情况是一个网站排名的基础。我们要让搜索引擎充分收录我们的网站，尽可能多地收录页面，对页面收录情况的数据分析尤其重要。

查询网站总收录页面数一般使用site:命令，查询形式为

```
site:+域名
```

例如，查询百度网站的总收录目录数，使用命令：site:www.××××.com，如图7-37所示。

图7-37 查询百度网站的总收录目录数

网站（包括网页）收录数据容易受一些因素的影响，如网站权重、页面内容质量等。SEO人员应定期对网站的收录数据进行统计分析，及时找出网站收录数据异常的原因并进行改进，做好网站优化。

通常，网站（包括网页）收录不充分或者不收录的原因有以下几个。

① 域名的权重不高，导致内页权重偏低，无法达到收录的最低标准。

② 网站结构有问题，导致蜘蛛程序无法爬行。

③ 有大量搜索引擎不利好的因素，如Flash、JavaScript链接。

④ 网站内容大量抄袭或转载，原创内容过少。

⑤ 内部优化链接分布有问题，使得分类权重差别大，导致搜索引擎不收录分类下的页面。

7.3.2 网站排名数据分析

网站排名数据分析主要是指关键词排名的分析。关键词的监测不仅包含首页核

心关键词的监测，还包括分类页面目标关键词、最终产品及文章页面关键词的监测。

SEO人员进行网站关键词排名监测的时候可以借助一些排名查询工具，定期查看网站关键词的排名情况，并进行记录与分析。

提示

关键词排名和搜索流量并不一定成正比关系，也就是说，排名高并不一定就能带来大量的搜索流量，尤其那些没有经过认真研究或者研究错误的关键词。

7.3.3　网站外部链接数据分析

外部链接是衡量网站优化水平的重要指标之一，它对于网站优化排名及流量研究都有着重要作用。对网站外部链接数据进行分析，通常可以从外部链接建设情况和外部链接优化效果两个方面进行。

1. 外部链接建设情况分析

SEO人员可以通过"站长工具"或站长平台查询、获取网站外部链接建设的数据信息，然后对这些数据进行统计分析，从而了解外部链接建设的基本情况。

2. 外部链接优化效果分析

一般情况下，外部链接优化对网站关键词排名会有积极作用。SEO人员可以通过"站长工具"查询网站关键词排名与浏览的数据，然后将查询的数据与推广关键词列表进行对比，发现排名持平或下降时都要对外部链接建设进行分析研究，找出问题，然后完善外部链接建设的策略。

7.4　SEO作弊及惩戒

任何利用或者通过放大搜索引擎的策略缺陷，利用恶意手段获取与网页质量不符的排名，引起搜索结果质量下降及用户搜索体验下降的行为都可以称为SEO作弊行为。

在互联网动态发展的过程中，搜索引擎也在动态发展，与此同时，作弊行为自然也在动态发展。对于出现的作弊行为，搜索引擎会给予一定的惩罚，下面就简单介绍SEO常见的作弊行为，以及搜索引擎对于作弊行为的惩戒方式。

7.4.1　SEO常见的优化方法

第1章中已经介绍过，SEO工作中常见的3种优化方法包括白帽SEO、黑帽SEO和灰帽SEO。SEO行业的初始阶段只有简单的白帽SEO优化方法，后来经过不断地发展及深入研究，逐渐出现了黑帽SEO和灰帽SEO优化方法。

白帽SEO、黑帽SEO和灰帽SEO这3种优化方法中，白帽SEO是被支持鼓励的一种优化方法，黑帽SEO则是被禁止、会受到惩罚的优化方法，而灰帽SEO处于灰色地带，是有一定风险的优化方法，不建议使用。三者的关系如图7-38所示。

图7-38　SEO的3种优化方法之间的关系

7.4.2　SEO常见的作弊方法

作弊行为通常都是为了快速提高排名而采取的一些极端的手段，很容易受到搜索引擎惩罚，从而导致网站付出巨大的代价。为了避免出现SEO人员无意中使用了作弊手法而不自知，直到网站受到惩罚才发现的情况，SEO人员需要清楚知道SEO的作弊方法。

扫码看视频

SEO常见的作弊方法有隐藏文本和链接、隐藏页面、关键词堆砌、PR劫持和桥页等。

1. 隐藏文本和链接

隐藏文本和链接是指采用隐藏的手段在网页上放置许多文本和链接，导致浏览者看不到隐藏的文本或链接，但是搜索引擎可以抓取到，从而误导搜索引擎对网页关键词的判断。

隐藏文本和链接常见的几种方法如表7-1所示。

表7-1　隐藏文本和链接的常见方法

方法	举例
将文本和链接的颜色设置成与背景一样的颜色	网页背景为白色，将网页文本和链接的颜色也设置为白色
将文本堆叠在图片后	将白色的文本放在白色的图片上
使用 CSS 隐藏文本	将字体大小设置为0
通过 CSS 隐藏链接	将链接的像素设置为1像素

2. 隐藏页面

所谓隐藏页面，就是在网页中使用程序或脚本来检测访问者是搜索引擎还是普通用户。如果是搜索引擎，网页就返回经过优化的网页版本；如果是普通用户，就显示另外一种页面。

通常情况下，隐藏页面这种作弊方法，普通用户是无法发现的。因为普通用户打开浏览器查看这个网页的时候，无论是在页面上还是在HTML源文件中，所看到的页面均与搜索引擎看到的页面不同。

3. 关键词堆砌

关键词堆砌一般是指在网站的某个页面上或者标题中重复出现或大量堆积与网站内容相关性不高的关键词，目的是提高页面或标题与关键词的相关性和密度，进而提高关键词排名。这种作弊方法很容易被搜索引擎察觉并受到相应惩罚。

4．PR劫持

PR劫持是指使用欺骗手段获得第三方工具条比较高的PR值显示。这种方法是利用跳转实现的。

一般搜索引擎在处理301跳转和302跳转时，把目标URL当作实际应该收录的URL（当然也有特例，不过在大部分情况下是这样处理的）。

如果搜索引擎从域名A做301跳转或302跳转到域名B，而域名B的PR值比较高，域名A在PR值更新后，也会显示域名B的PR值。作弊者利用这一点，把自己的域名值刻意提高。最简单的就是先做301跳转或302跳转到高PR的域名，等第三方工具条上的PR值更新后，立刻取消转向，放上自己的内容。这样用户在访问该网站时，看到的就是一个高PR值，却不知道这个PR值不是该网站的真实PR值，而是通过转向劫持得到的另外一个网站的PR值。

5．桥页

桥页，又称为中间页，主要起到牵线的作用。用户点击这些桥页时，会自动跳转到预先设置的目标页面。桥页只对搜索引擎可见，对用户是不可见的，是一种常用的作弊方法。

通常，桥页是通过软件生产的大量含有关键词的页面，这些页面在搜索引擎中获得排名，用户点击这些桥页时跳转到目标页面。例如，一个网站有10个桥页，如果每个桥页可以导入10个流量，那么目标页面就可以导入100个流量。

7.4.3　搜索引擎惩戒

任何损害用户利益和搜索引擎结果质量的行为，都会受到搜索引擎的惩罚。

扫码看视频

1．搜索引擎的惩罚力度

搜索引擎始终都会遵循"轻者轻罚，重者重罚"的原则，对出现作弊行为的网站采取不同的惩罚力度，如表7-2所示。

表7-2　不同作弊行为的惩罚力度及影响

惩罚力度	作弊行为	影响
轻度惩罚	一般针对网站上出现的不太严重的失误、错误、对搜索不友好或者违规等行为，如网站修改标题、网站修改关键词、网站小幅度改版、网站上内容相关性较差、网站空间的稳定性较差、外部链接质量不高、外部链接不稳定、友情链接里存在被惩罚的网站等	轻度惩罚通常对网站自身权重的影响不是太大，对网站的排名稍有影响（一般会导致关键词排名小幅下降）、快照暂时停止更新或者更新频率小幅下降等
中度惩罚	一般针对网站上出现较大范围的改版、网站标题频繁修改、网站采用了黑帽SEO（如关键词优化过度等），还有网站存在安全风险、网站被挂、网站上采集内容过度等行为	被中度惩罚后，网站大多表现为快照停止更新、关键词排名大幅度下降、首页不在第一名、内页排名出现不同程度的下降、网页收录数量有所下降等

Chapter

7

131

续表

惩罚力度	作弊行为	影响
重度惩罚	引起重度惩罚的原因通常是网站严重违反了搜索引擎规则，如利用黑帽SEO作弊、通过非法手段大量点击获得好的排名、利用群发器大量群发外部链接、网站全面修改主题和内容、挂黑链、网站参与链接买卖等	被重度惩罚后，网站的表现主要是快照长期停止不更新、所有关键词排名消失、网站基本无权重、网站内页无排名、首页找不到或者非常靠后、网页收录量大幅度下降、新网页长久不收录等
极重惩罚	引起极重惩罚的原因通常是网站严重违反了搜索引擎规则，如长期进行链接买卖行为、利用站群作弊、网站上存在违法内容、网站利用黑帽SEO长期作弊、网站本身就是作弊行为的提供者等	被极重惩罚后，网站的表现就是网站被删除，网站在搜索引擎上没有收录

2. 搜索引擎惩罚的检测

引起网站的关键词排名下降的原因有很多，如搜索引擎改变了算法、网站被搜索引擎惩罚、出现了新的竞争对手、现有竞争对手加强了SEO、外部链接权重降低等，也就是说，网站的关键词排名下降并不一定是因为网站被搜索引擎惩罚，那么如何才能检测网站是否被搜索引擎惩罚了呢？

被搜索引擎惩罚，通常是因为网站有操作不当的地方，我们可以针对这一点对网站进行检测。常用的检测网站是否被搜索引擎惩罚的方法有以下几种。

（1）使用site:命令搜索网站域名

这是检测网站是否被搜索引擎惩罚的最直接的一种方法，如果没有查询到任何结果，那就说明该网站被严重惩罚删除了。

（2）搜索网站名称

用搜索引擎搜索网站名称后，如果排在第一位的不是官方网站，就说明该网站被惩罚了。需要我们注意的是，搜索的这个网站名称不是大众化的名称，而是比较独特的、针对自身网站主题的网站名称。

（3）搜索网站上特有的文字

和搜索网站名称一样，搜索一段只有自身网站上才有的特定文字，如联系方式、电子邮件、公司介绍等，如果该特定文字排在第一页，就说明没有被惩罚；如果不是在第一页，就说明该网站可能被某种形式惩罚了。

（4）跟踪网站关键词排名

如果网站全部或大部分本来就有排名的关键词的排名全面大幅度下滑，就说明网站被惩罚，在这里我们要注意全面记录、跟踪关键词排名。很多时候，一部分网站关键词排名下降，另一部分关键词排名上升或不变，这样的情况一般不是网站被惩罚了。只有在网站的所有或大部分关键词排名全面下降时，网站才有可能被搜索引擎惩罚。

（5）网管工具

很多搜索引擎都会提供网站管理员工具（即网管工具）。网站站长可以注册网管工具账号，方便验证自己的网站。这些网管工具能够给站长提供一些非常有用的信息，用于判断网站是否被惩罚。特别是网站出现作弊、病毒等情况时，它还会及时向站长发出提醒。

（6）查看网站后台日志

网站站长可以查看网站后台日志，了解蜘蛛程序来访的次数、频率是否发生变化。如果搜索引擎来访次数大幅度下降，而网站本身规模和更新速度都没有变化，说明搜索引擎不再喜欢该网站，网站很可能被惩罚了。

拓展阅读：网站 SEO 作弊被惩罚后可以恢复权限吗？

惩罚不是目的，让互联网更洁净才是目的。一般地，网站只要在作弊被惩罚后及时改正，是可以恢复权限的。搜索引擎一般都有完善的流程，会定期自动对作弊网站进行检测。大部分修正了作弊行为的网站，会在一定的观察期满后自动解除惩罚。

思考与练习

一、填空题

1. 网站流量的来源主要可以分为3种：_____、_____和_____。
2. SEO工作中常见的3种优化方法包括_____、_____和_____。
3. 跳出率为_____与_____的比值。

二、判断题

1. 一个网站权重越高，在搜索引擎中所占的份额越大，在搜索引擎中的排名就越高。（　　）
2. 访客数等于浏览量。（　　）
3. 黑帽SEO是一种作弊行为。（　　）

三、单项选择题

1. 下列选项中，关于网站流量分析指标，说法正确的是（　　）。
    A. 一个独立用户打开了同一网站的两个页面，浏览量为1
    B. 一个独立用户打开了同一网站的两个页面，浏览量为2
    C. 一个独立用户进入网站后退出，再次进入网站，访客数为2
    D. 一个独立用户进入网站后退出，再次进入网站，访问数为1

2. 下列选项中，不属于网站收录不充分或者不收录原因的是（　　）。
    A. 域名的权重不高，导致内页权重偏低，无法达到收录的最低标准
    B. 网站结构有问题，导致蜘蛛程序无法爬行
    C. 内部优化链接分布
    D. 网站中没有Flash、JS链接

3. 下列选项中，不属于SEO作弊方法的是（　　）。
    A. 隐藏文本和连接　　　　　　　　B. 隐藏页面
    C. 添加友情链接　　　　　　　　　D. 关键词堆砌

四、简答题

1. 什么是白帽SEO？
2. 什么是黑帽SEO？
3. 什么是关键词堆砌？

任务实训

任务实训1

实训目的	
让读者懂得如何查询网站的SEO信息	

实训内容	
使用SEO综合查询工具查询"人民邮电出版社"的SEO信息	

实训步骤	
序号	内容
1	进入爱站网，在搜索文本框中输入"人民邮电出版社"的网址
2	查看"人民邮电出版社"的Alexa排名、网站权重、反链数等

任务实训2

实训目的	
让读者懂得如何监测、分析自己网站的流量数据	

实训内容	
进入百度统计网站，查询网站的流量数据	

实训步骤	
序号	内容
1	进入百度统计网站，打开趋势分析报表查看近30天的PV和UV趋势图
2	查看昨天的平均访问页面数和时长趋势图

第8章

SEM竞价账户搭建与推广

 学习目标

√ 了解SEM竞价推广。
√ 了解竞价推广的营销思维。

素养课堂

技能目标

√ 掌握竞价账户搭建的技能。
√ 掌握竞价推广的流程，了解其常用工具。

8.1 了解SEM竞价推广

SEO见效慢，排名规则具有不确定性，对于那些想要快速取得推广效果的企业来说并不适用。而SEM竞价推广正好弥补了SEO的缺陷。企业可以通过开展SEM竞价推广来更加精准地锁定营销目标。

8.1.1 SEM竞价推广概述

SEM竞价推广是一种新型的网络广告，是企业开展网络营销活动的重要手段之一，企业可以在搜索引擎中通过关键词精准定向投放广告，从而达到让企业广告信息在搜索引擎搜索结果中取得较高推广排名的目的，进而使企业的网络营销活动在短期内起到立竿见影的效果。

扫码看视频

1. SEM竞价推广的概念

SEM竞价推广，是将企业的产品或服务等以关键词的形式在搜索引擎平台上推广的一种按效果付费的新型而成熟的搜索引擎广告。企业在购买该

项服务后，通过注册一定数量的
关键词，就能使其推广信息率先
出现在网民相应的搜索结果中。
SEM竞价推广可以帮助企业用少
量的投入换来大量潜在客户，从
而有效提升企业销售额。例如，
图8-1所示为在百度中搜索"无叶
风扇"关键词时，搜索结果中出
现的竞价广告。

图8-1　百度竞价广告

2. SEM竞价推广的特点

SEM竞价推广的本质就是借助搜索引擎开展的一种网络广告。它有以下特点。

（1）按点击付费

SEM竞价推广采用的计费方式是CPC（Cost Per Click，CPC），它区别于传统广告形式，是根据客户的点击量（次数）来收费的，价格相对便宜，而且可以设定最高消费额（防止恶意点击）。

一方面，SEM竞价推广可以按照给企业带来的潜在客户的点击量计费，没有客户点击就不收费，这样，企业就可以灵活控制推广力度和资金投入，提高投资回报率。

另一方面，企业可以设置自己想要的关键词，关键词不同，点击的收费起步价也不同，如果多家网站同时竞买一个关键词，则搜索结果会按照每次点击竞价的高低来排序。每家企业所能提交的关键词数量没有限制，无论提交多少个关键词，均按网站的实际被点击量（次数）计费。

（2）推广关键词不限

企业可以同时设置多个关键词，每个单元关键词的数量上限为5000个，这样企业的每一种产品都有机会被潜在客户找到，可以促进企业全线产品的推广。

8.1.2　竞价推广的营销思维

竞价推广的出现不仅解决了许多企业进行网络营销时面临的开拓市场难题，而且提高了广告投放的精准度，让企业获得了更多的客户和销量。

扫码看视频

那么，竞价推广投放的广告是如何实现营销目标的呢？也就是说，竞价推广的营销思维是什么呢？

企业开展竞价推广的营销思维可以分为3个阶段，即吸引关注、获取咨询和形成转化。

1. 吸引关注

企业进行竞价推广的最终目的，并不是单纯地将企业推广的信息展现在搜索引擎中，而是通过关键词搜索结果把企业的目标客户群体吸引到企业网站中，进而接收企业的广告信息，这个阶段也可以称为"引流"。

要达到这个效果，搜索结果排名就显得尤为重要，因为如果企业的推广信息排名靠前，目标客户就可以很容易看到，企业就可以获得更多的流量；但是如果企业的推广信息排名比较靠后，目标客户就很难看见推广信息，竞价推广的效果自然就很差。

需要注意的是，客户在通过搜索引擎搜索信息时，通常都是有目的地搜索，因此，那些与客户搜索内容相关性较高的广告信息更容易吸引客户点击。企业网站排名靠前只是增加了企业广告被优先展现的机会，想要引起潜在客户的兴趣并吸引其发生点击行为，企业还需要深入了解潜在客户的喜好和兴趣，用准确的关键词和独特的创意使推广信息脱颖而出。

2. 获取咨询

作为企业开展网络营销的重要手段之一，竞价推广的第一次转化是为企业网站带来大量的访问客户，即通过竞价推广成功地为企业带来大量客户关注。接下来，竞价推广还要完成第二次转化，即刺激访问网站的潜在群体采取进一步的行动——咨询。

每一个通过搜索、点击打开企业网站的客户，都是企业的潜在客户，如果客户点击推广信息后在打开的网站中发现自己感兴趣的产品或服务信息，就可能做出进一步行动的决策。在这一阶段，网站推广人员不但要做好网页内容设计，让潜在客户产生进一步咨询以获取更多信息的动机，而且要努力做好网站的客服咨询工作，通过提高客服人员的服务水平，为企业赢得更多的销售机会。这样，企业就可以成功地将网站的访问量转化成咨询量了。

3. 形成转化

通过前面吸引关注和获取咨询两个阶段的引导和转化，企业已经获得了很多潜在客户的访问，并且企业的客服人员帮助他们更全面地了解了企业的产品或服务。此时，距离企业营销目标的实现还差最后一步，那就是把握住机会，与潜在客户建立密切联系，促成他们注册或者购买，只有这样才能最终完成营销目标的转化。

8.1.3　竞价推广的基本流程

竞价推广作为企业开展搜索引擎营销的一种重要方式，具有一定的流程，一般可以分为推广准备工作、制定账户推广策略、搭建账户结构、关键词设置和数据效果统计5步。

扫码看视频

1. 推广准备工作

在进行竞价推广前，必须先对推广项目进行详细的分析，如人群、需求及产品/服务。

（1）人群分析

进行推广项目分析，首先要明确你的目标用户是谁，他们有什么特性。人群分析通常可以从人群画像的要素入手，如时段、地区、设备、性别、年龄、职业、收入、学历和兴趣爱好等。例如，图8-2所示为某培训行业做的人群画像分析。

8 Chapter

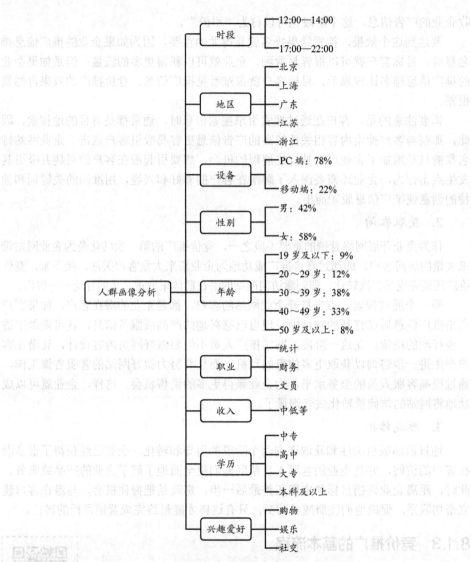

图8-2　人群画像分析

（2）需求分析

在对推广项目进行分析时，除了要分析用户群体外，还需要了解用户的需求。用户需求在竞价推广中的应用率极高。例如，关键词选择、出价和匹配，甚至创意撰写、页面策划和销售转化等环节都会用到用户需求。

竞价推广的用户需求分析就是洞察用户需求的过程，要求企业清楚掌握用户最关心的是什么：企业的规模、企业的品牌与口碑，以及用户想要什么样的产品、想要什么价格的产品、想要达成什么目的等。任何产品/服务都是有需求点的，而且需求点可能不止一个。例如，软件开发的需求点可能是多长时间能够完成、技术怎么样；教育培训的需求点可能是资质、师资力量、价格；家电的需求点可能是安全、品质、售后服务等。

（3）产品/服务分析

正所谓"知己知彼，百战不殆"，推广人员只有足够了解自己企业的产品/服务，才能更好地把它推销出去；另外，推广人员还需要足够了解竞争对手的产品/服务，这样才能找对竞争方法。因此，在推广前，一定要做好自身产品/服务和竞品分析工作，将自身产品/服务的卖点和用户需求点相结合，并与竞争对手区分开来。

2. 制定账户推广策略

做好推广前的准备工作后，就可以制定账户推广策略了，以便使推广更有方向性。账户推广策略的制定通常可以从以下4个方向进行。

（1）确定时段比例

推广人员需要清楚了解哪个时段流量多，哪个时段流量少，哪个时段转化好，哪个时段转化差。只有对这些问题了然于胸，才能更好地投放广告：若预算充足，可以全天投放；若预算不足，则需选择合适的时段投放。

（2）确定设备比例

搜索引擎营销（SEM）的流量来源设备一般分为PC端和移动端两种，推广人员需要清楚了解是通过PC端搜索产品服务的流量多还是通过移动端搜索产品服务的流量多。

（3）确定地区比例

推广人员还需要明确目标用户的主要活跃区域。如果是单地区推广，这个维度可以自动忽略；如果是多地区推广，还需要进一步划分出"重点地区"和"非重点地区"。

（4）确定预算比例

推广策略的执行需要预算的支持，预算在很大程度上决定了采取什么样的推广策略。例如，图8-3所示为根据预算划分的一个策略模板，推广人员在制定推广策略时，可以作为参考。

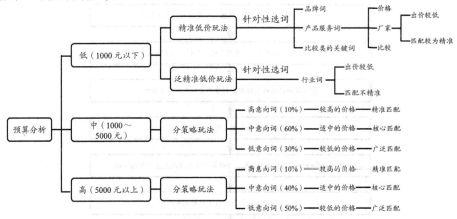

图8-3　策略模板

在确定了账户推广策略的方向后，推广人员可以通过产品维度、时间维度、平台维度、地区维度、购买阶段维度这5个维度进行账户结构的搭建。

3. 搭建账户结构

制定好账户推广策略后，推广人员就可以根据策略进行账户结构的搭建。一个合理的账户结构，可以让我们的操作更有效率。图8-4所示为一个账户搭建模板，推广人员可以作为参考。

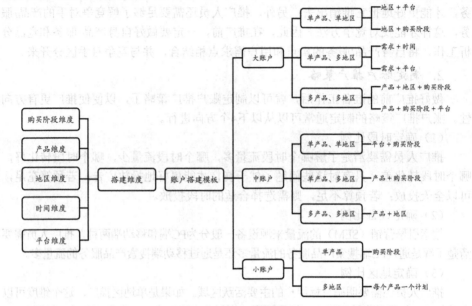

图8-4　账户搭建模板

4. 关键词设置

账户结构搭建完毕后，推广人员就需要根据每个计划、单元进行分词，也就是关键词设置。推广人员在进行关键词设置时，可参考图8-5所示的流程。

图8-5　关键词设置流程

5. 数据效果统计

账户结构搭建完毕、关键词设置完成、进行推广之后，推广人员还需要及时对数据进行统计分析，然后根据数据效果反馈优化方向。

8.2　竞价账户搭建

竞价账户的搭建是每一个要做竞价推广的企业必须做的工作，本节让我们一起来学习如何搭建一个优秀的竞价账户结构，为企业接下来的推广带来更多的订单。

8.2.1　快速开通推广账户

企业要进行竞价推广，首先要在竞价推广平台上注册一个推广账户，开通竞价推广服务。

扫码看视频

在不同推广平台开户的流程基本相似，可分为开户资料准备、注册账户和信息审核3步。

（1）开户资料准备

企业在开通推广账户前，需要准备开户所需要的资料，包括企业营业执照、网站ICP备案及行业相关资质等。

（2）注册账户

准备好开户资料后，企业就可以通过在线方式注册账户了。以百度营销为例，在百度中搜索"百度营销"，打开百度营销登录页面，如图8-6所示。

图8-6　百度营销登录页面

单击【注册】按钮，即可进入百度营销注册页面，如图8-7所示。

按要求输入用户名、密码、手机号码等信息，然后单击【注册】按钮，进入补充信息页面，在其中输入企业社会信用代码、联系人等信息，如图8-8所示，输入完毕后单击【提交】按钮，即可完成百度营销的注册。

图8-7　百度营销注册页面　　　　图8-8　补充信息页面

（3）信息审核

账号注册成功后，推广平台还需要对企业账户的基本信息进行审核。审核内容主要包括营业执照、从业资质、ICP备案、企业所在地、联系人信息及网站内容等。通常来说，推广平台会在3个工作日内对企业从业资质等信息进行评审。审核通过后，企业需要向账户充值作为推广预算，充值后该账户即可投入使用。

8.2.2　认识账户结构

正所谓"工欲善其事，必先利其器"，学习竞价推广也是一样的道理，要想掌握竞价推广的技能，首先要认识推广账户的结构，掌握划分账户的方法，才能得心应手地开展推广工作。

所谓账户结构，是指企业在推广平台中对关键词、创意的分类管理，是企业为达到最优的投放效果，将关键词和创意等按搜索引擎推广账户的规则进行归纳整理，从而形成的有序结构。以百度营销为例，账户结构由账户、推广计划、推广单元和关键词/创意这4个层级构成，同一个单元的关键词和创意是多对多的关系，如图8-9所示。

扫码看视频

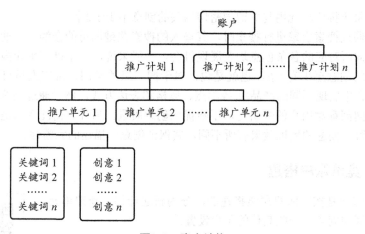

图8-9　账户结构

1．推广账户不同层级的功能和作用

账户结构中层级具有不同的功能和作用，如表8-1所示。

表8-1　不同层级的功能和作用

层级	功能和作用
账户	对推广计划进行管理，可以设置账户推广预算、推广地域等
推广计划	对推广单元进行管理，可以设置推广地域、每日预算、创意展现方式、投放时段、否定关键词、IP排除等
推广单元	管理单元内的关键词与创意，可以设置出价、否定关键词等

2．健康的账户结构

健康的账户结构通常符合以下几个要求。

（1）每个推广账户内推广计划的数量不少于2个

不论是业务规模较大的大型企业还是产线单一的中小企业，其推广账户内推广计划的数量一般不能少于2个。因为，通常较多的推广计划和推广单元，意味着企业对关键词的细分更透彻，能够以更精准的方式定位更多的潜在客户。即使企业只在一个地区推广一种产品/业务，也可以从多个角度对关键词进行分类并搭配更有针对性的创意，通过提升关键词与创意的相关性来提升点击率，优化推广结果。

（2）每个推广单元内的关键词数量不超过30个

如果每个推广单元内关键词的数量太少，可能会导致该推广单元缺乏展现机会，不能定位更多的潜在客户，起不到推广效果；但是，如果每个推广单元内关键词的数量太多，又可能无法保证每个关键词与创意之间都有较高的相关性，无法吸引用户关注，导致点击率低，从而影响关键词的质量。因此，通常建议企业将意义相近、结构相同的关键词纳入同一推广单元，并将每个推广单元内关键词的数量保持在5～15个，最多不要超过30个。

（3）每个推广单元内与关键词密切相关的创意不少于2个

用户通过搜索引擎进行搜索时，其输入的搜索关键词可能会触发企业的推广结果。关键词所对应的各条创意均有展现机会。一般来说，一个推广单元内与关键词密切相关的创意至少有2条，也就是说，对于同一组关键词，推广人员可以尝试在不同的创意中展现不同的产品/服务卖点、风格和表达方式，然后通过创意报告来对比评估不同创意对用户的吸引力，不断优化创意质量。另外，需注意的是，在不同的展现位置，创意的展现效果有所不同，要保证创意中描述的完整性。

8.2.3 竞价账户搭建

竞价账户是按照账户层级搭建的，分为新建计划、新建单元、新增关键词和创意及一些其他的账户设置。

【案例解析】在百度营销网站进行账户搭建

扫码看视频

1. 新建计划

新建计划的具体操作步骤如下。

01 在百度营销首页右侧的账号登录栏中输入百度营销账号的账户名称和密码，然后单击【登录】按钮，如图8-10所示。

02 进入百度营销后台的主页面，单击"搜索推广"右侧的【进入】按钮，如图8-11所示。

03 进入搜索推广页面，通过左侧的导航栏窗格，切换到【计划】选项卡，单击【新建计划】按钮，如图8-12所示。

图8-10 账户登录

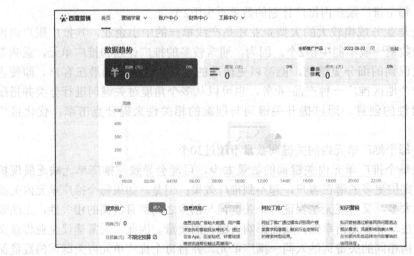

图8-11 百度营销后台的主页面

图8-12 搜索推广页面

04 打开营销目标页面，在该页面中可以设置营销目标和推广业务，如图8-13所示。

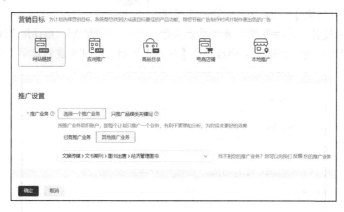

图8-13 营销目标和推广业务设置

05 设置好营销目标和推广业务后，单击【确定】按钮，进入计划设置页面，在该页面中，可以进行预算、出价方式、出价、推广地域、推广时段、人群和计划名称的设置，如图8-14所示。设置完成后，单击【保存并新建单元】按钮，即可保存计划，并打开新建单元页面。

图8-14 计划设置页面

2. 新建单元

在每个计划中可以新建多个单元，用户可以通过自动弹出的新建单元进行新建外，还可以通过搜索推广页面的导航栏进入新建单元页面。

01 在搜索推广页面，通过左侧的导航栏窗格，切换到【单元】选项卡，单击【新建单元】按钮，如图8-15所示。

图8-15 搜索推广页面

02 打开新建单元页面，在"推广计划"
下拉列表中选择要添加单元的计划，如图
8-16所示。

03 单击【确定】按钮，进入单元设置页
面，进行单元设置、定向设置、确定单元名称

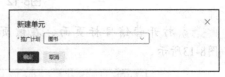

图8-16 选择推广计划

等操作，如图8-17所示，设置完毕后单击【保存】按钮，即可完成新建单元的操作。

图8-17 单元设置页面

关键词和创意的添加，将在第9章进行讲解。

8.3 推广账户常用工具

为了更好地满足企业需求，提高竞价推广的服务水平，竞价推
广平台还提供了数据报告工具及一些优化工具，方便推广人员进行
账户的竞价推广。下面主要介绍百度推广账户的数据报告工具和
商盾。

扫码看视频

8.3.1　数据报告

数据报告有多种类型，如账户报告、单元报告、关键词报告、创意报告等。数据报告可以用于查看账户的整体推广情况，其作用是监测账户每天的推广情况，可以对不同的数据表现进行分析，帮助推广人员及时发现账户存在的问题，并及时纠正，提升推广效果。

登录"百度营销"账户，进入搜索推广页面，单击页面顶端的【数据报告】按钮，切换到【数据报告】选项卡，系统会自动跳转到数据简报页面，如图8-18所示。

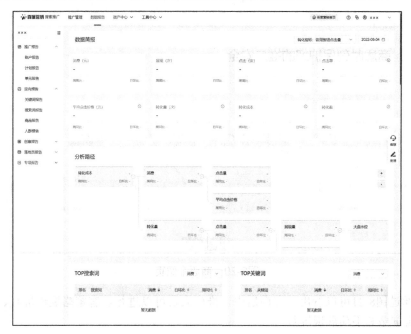

图8-18　数据简报页面

通过图8-18所示的数据简报可以看出，推广人员可以查看账户的消费、展现、点击量等一系列数据，直观地看到数据的转化情况及搜索词和关键词的情况。推广人员可以根据需求，通过左侧导航栏切换到其他选项卡，查看相应的数据报告。

8.3.2　商盾——恶意点击屏蔽

商盾是"百度营销"中一款防无效点击工具，它集手动展现屏蔽、策略屏蔽、无效点击过滤报告于一体，可以阻挡、过滤无效访客对客户推广信息的检索和点击，从而节省客户的推广费用。

登录"百度营销"账户，进入搜索推广页面，单击页面顶端的【工具中心】下拉按钮，在弹出的下拉列表中单击【商盾-恶意点击屏蔽】选项，如图8-19所示。

进入商盾介绍页，如图8-20所示，单击【进入屏蔽管理】按钮，进入屏蔽管理页面，如图8-21所示。

图8-19　工具中心

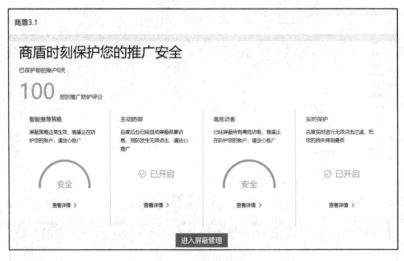

图8-20　商盾介绍页

通过图8-21可以看出，在商盾中，推广人员可以进行访客策略展现屏蔽、IP策略展现屏蔽和手动展现屏蔽。

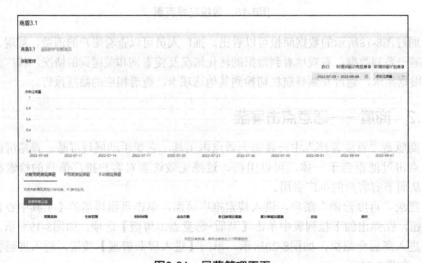

图8-21　屏蔽管理页面

① 访客策略展现屏蔽：通过设置策略（如1小时内点击推广单元超过3次），当访客命中该策略后，百度将不会对该访客展现推广内容，之前的点击也会在2～3小时进行返款。

② IP策略展现屏蔽：通过设置策略（如1小时内点击推广单元超过3次），当IP命中该策略后，百度将不会对该IP展现推广内容，之前的点击也会在2～3小时进行返款。

③ 手动展现屏蔽：通过设置策略，将指定的IP地址段排除在推广展现范围外，即来自这些IP地址段的网民将无法在百度搜索推广结果中看到推广信息。

拓展阅读：SEM 竞价的竞争对手分析

竞争对手分析是推广过程中一个十分重要的分析环节，也是个系统的工程。竞争对手分析主要可以从竞争对手的数据分析和推广策略两个方面进行。

在数据分析方面，推广人员可以从竞争对手的关键词、创意和着陆页（着陆页通常由一个或几个HTML页面组成，它通常是一个网页，可以直接被用作竞价流量的承载页）进行分析；在推广策略方面，推广人员则主要可以通过竞争对手关键词的选词策略和关键词的匹配模式进行分析。

思考与练习

一、填空题

1．企业进行竞价推广时，可以在搜索引擎中通过＿＿＿＿＿进行精准定向投放广告，从而达到让企业广告信息在搜索引擎搜索结果中取得较高推广排名的目的，进而使企业的网络营销活动在短期内起到立竿见影的效果。

2．企业开展竞价推广的营销思维可以分＿＿＿＿＿、＿＿＿＿＿和＿＿＿＿＿3个阶段。

3．百度营销的账户结构由＿＿＿＿＿、＿＿＿＿＿、＿＿＿＿＿和＿＿＿＿4个层级构成。

二、判断题

1．SEM竞价推广采用的计费方式为按点击付费。（　　　）

2．每个推广账户内推广计划的数量可以只有一个。（　　　）

3．每个推广单元中最多能添加2个关键词。（　　　）

三、单项选择题

1．下列选项中，关于SEM竞价推广的特点，说法正确的是（　　　）。

　A．SEM竞价推广是根据点击的次数来收费的

　B．SEM竞价推广价格昂贵

　C．SEM竞价推广每次设置关键词的数量不能超过3个

　D．SEM竞价推广每个关键词点击的收费起步价相同

2．下列选项中，关于竞价推广的流程，说法错误的是（　　　）。

　A．在进行推广前，你必须先对推广项目进行详细的分析，如人群、需求及产品/服务

B．推广人员需要确定地区比例

C．推广人员不需要确定时段比例

D．推广人员需要确定预算比例

3．下列选项中，关于竞价推广账户结构是否健康，说法错误的是（　　　）。

A．健康的推广账户内推广计划的数量不少于2个

B．健康的推广账户内每个推广单元内的关键词数量不超过30个

C．健康的推广账户内推广计划的数量只有1个

D．健康的推广账户内每个推广单元内至少有与关键词密切相关的2条创意

四、简答题

1．什么是SEM竞价推广？

2．SEM竞价推广的账户结构是怎样的？用结构图表示。

3．简述推广账户、推广计划和推广单元的功能和作用。

任务实训

任务实训1

实训目的	
让读者加深对"百度营销"账户开通流程的了解	
实训内容	
开通"百度营销"账户	
实训步骤	
序号	内容
1	准备开户资料
2	在线申请
3	等待信息审核

任务实训2

实训目的	
让读者学会在"百度营销"的搜索推广中新建一个计划	
实训内容	
在"百度营销"的搜索推广中新建一个计划	
实训步骤	
序号	内容
1	登录"百度营销"账号
2	新建计划

第9章

SEM竞价广告设置与分析优化

 学习目标

√ 了解关键词的选择策略、匹配模式。
√ 了解创意撰写的原则和技巧。
√ 掌握账户数据分析的流程。
√ 了解账户优化的基本思路。

素养课堂

技能目标

√ 掌握关键词添加和创意撰写技能。
√ 掌握账户数据分析与优化的技能。

9.1 竞价广告词的关键词设置

竞价广告通常是以关键词的形式展现推广效果的，因此，账户结构搭建完成后，搜索引擎营销人员还需要添加关键词和创意内容。选择的关键词和撰写的创意内容将会直接影响广告的推广效果。

9.1.1 关键词的选择策略

在SEM竞价推广的过程中，关键词的选择是基础，只有用户搜索的关键词与SEM竞价推广的关键词相同或相近时，网站才有机会展示广告，进而吸引用户的关注、获取咨询、形成转化。下面介绍一下推广人员对关键词的选择策略，如图9-1所示。

扫码看视频

图9-1　关键词的选择策略

1. 寻找核心关键词

无论处于什么行业，企业在进行竞价推广之前一定要确定核心关键词，因为竞价推广就是企业在搜索引擎上投放的一种广告。用户通过搜索关键词，使搜索引擎根据关键词展现信息，所以，企业做竞价推广，一定要先确定推广的核心关键词。

核心关键词需要以企业的产品或服务为核心，符合并抓住用户的搜索习惯及心理。核心关键词通常可以通过以下3种方法确定。

（1）根据企业的推广需求确定核心关键词

根据企业的推广需求确定核心关键词，就是推广人员围绕企业的营销目标、受众定位和市场环境来筛选关键词。

① 营销目标：企业做竞价推广的目的是什么？是进行品牌推广还是卖产品或服务？推广人员可以根据企业的营销目标找出几个比较核心的关键词，如表9-1所示。

表9-1　核心关键词举例

营销目标	举例
品牌推广	如格力电器、华为手机等
产品	小米13S、华为P50
服务	天猫"双11"、京东"6·18"大促

② 受众定位：根据营销目标确定好目标人群后，依据目标人群的兴趣点选择核心关键词。例如，如果根据营销目标确定的目标人群为年轻女性，她们常搜索的核心关键词可能是口红、火锅等与美妆、美食相关的词。

③ 市场环境：推广人员可以多关注一些竞争品牌的公司名称、主营业务名称等，然后选择一些竞品词（竞争对手的品牌关键词）作为核心关键词。

（2）根据企业网站确定核心关键词

根据企业网站确定核心关键词，就是通过对企业网站提供的产品或服务内容进行分析，筛选出和网站业务相关性较高、具有较高转化率的关键词作为核心关键词。推广人员可以对企业网站上的整个产品线进行分类。每条产品线下面的关键词都可以作为核心关键词。

（3）根据推广平台确定核心关键词

推广人员可以通过推广平台自带的关键词搜索功能，直观地看到想要的关键词对应的搜索量，如此就可以根据企业本身的推广预算来选取相应的关键词进行推广。

2. 拓展核心关键词

拓展核心关键词是竞价推广中不可或缺的一个重要操作。确定核心关键词后，为了让关键词覆盖更多的潜在用户，推广人员需要对核心关键词进行拓展，以获取更多的关键词来满足广告投放需求。核心关键词的拓展方法有以下几种。

（1）使用推广平台的"关键词工具"拓展关键词

推广人员可以通过推广平台自带的关键词工具，来查询核心关键词的相关词，直观地看到想要的关键词对应的搜索量，根据企业本身的推广预算来选取相应的关键词进行推广。例如，"百度营销"平台的"关键词规划师"。

在"百度营销"的搜索推广页面，单击【推广管理】按钮，在【定向工具】组中选择【关键词规划师】选项，如图9-2所示。

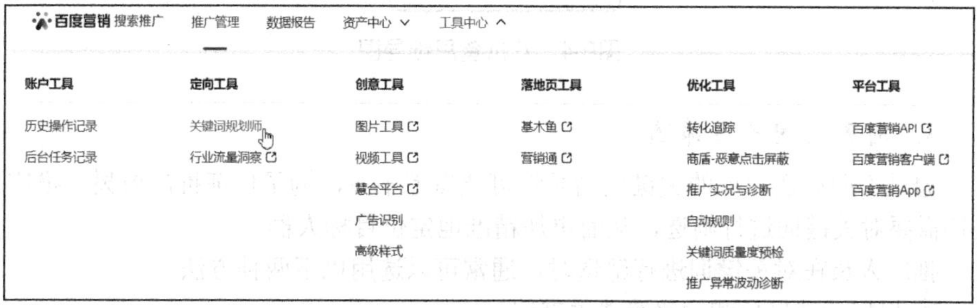

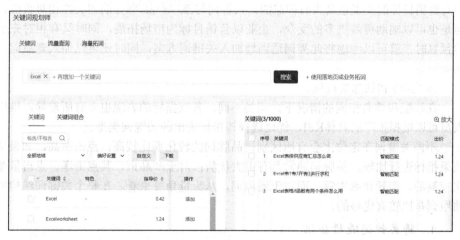

图9-2　选择关键词规划师

进入关键词规划师页面，推广人员只需在搜索文本框中输入关键词，即可查询到大量的相关关键词，如图9-3所示。

图9-3　关键词规划师页面

（2）"八爪鱼"自由组合式拓展关键词

在确定关键词的拓展方向后，可以利用图9-4所示的八爪鱼思维导图快速拓展核心关键词周边的长尾关键词的流量，充分抓住核心产品的流量。

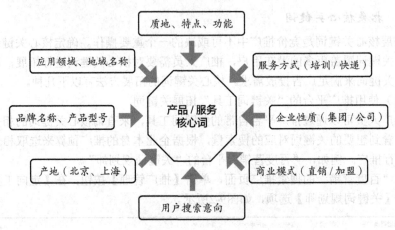

图9-4　八爪鱼思维导图

3. 对关键词进行筛选

通过不同渠道拓展的关键词的质量可能参差不齐，为了保证推广效果，推广人员还需要对关键词进行筛选，从而更加精准地定位目标人群。

推广人员在对关键词进行筛选时，通常可以选用以下两种方法。

① 根据营销目标和预算筛选关键词。

由于不同关键词可以达到的营销效果及可以覆盖的受众范围是不同的，因此，推广人员可以根据推广需求来筛选关键词。

通常情况下，品牌词、产品词、通用词可以覆盖的受众范围是相对较大的，它们对营销目标的实现也是大有裨益的。人群词与推广产品/服务的相关性相对较低，但是也可以辅助覆盖更多的受众，企业以营销目标为市场拓展，同时又有相对充足的预算时，就可以考虑将此类词适当地加入关键词方案，同时还可以加入竞品词、活动词等。

② 根据KPI筛选关键词。

在匹配和排名相同的情况下，词类不同，各项指标的表现也会有所差异，推广人员可以根据推广的具体KPI，优化选择该指标突出的关键词类型。

不同关键词在定位上会有所区别：品牌词的转化率比较高，点击率高，如果从效果指标进行比较，品牌词通常具有很大优势；对于产品词，其点击率、点击量是比较高的，但转化率中等；而对于通用词，从流量角度来看，在整个关键词结构中通用词是比较有优势的。

4. 将关键词进行分组

除了拓展关键词和筛选关键词外，推广人员还需要对关键词进行分组。这是一项非常重要的工作，因为关键词分组的情况直接关系到账户的表现和后期管理优化的便捷程度。

最常见的分组方式是按照关键词的不同类型划分，如果一个关键词同时包含几个分类，就可以根据词性、词根、句式等，把一级分类再划分为更为细致的二级分类，如图9-5所示。

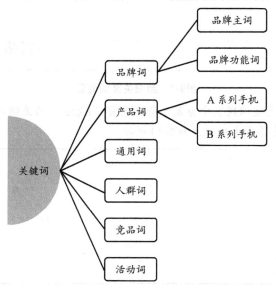

图9-5　关键词分组示例

9.1.2　关键词的添加方法

添加关键词是竞价推广的一项重要内容，是竞价账户搭建的一个重要环节，下面详细介绍在"百度营销"中添加关键词的具体操作步骤。

扫码看视频

【案例解析】在推广计划中添加关键词

`01` 在"百度营销"搜索推广页面，通过左侧的导航栏窗格，切换到【定向】→【关键词】选项卡，单击【新建关键词】按钮，如图9-6所示。

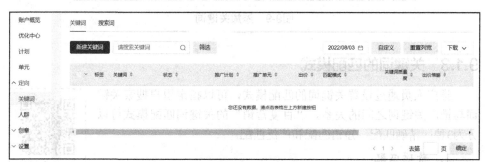

图9-6　搜索推广页面

Chapter

9

02 打开新增关键词页面，在文本框中输入要添加的关键词，如输入"Excel"，单击【搜索】按钮，如图9-7所示。

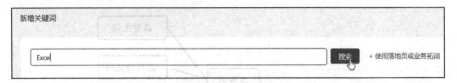

图9-7 新增关键词页面

03 在打开的关键词列表中会显示所有包含"Excel"的关键词，单击需要添加的关键词后面的【添加】按钮，如图9-8所示。

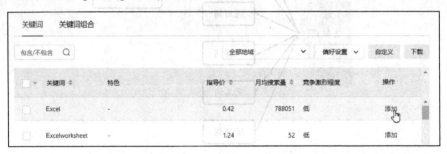

图9-8 关键词列表

04 单击【添加】按钮后，该关键词被添加到关键词列表中，在【添加至】下拉列表中选择一个推广单元，然后单击【确定添加】按钮，如图9-9所示。

图9-9 添加关键词

9.1.3 关键词的匹配模式

推广人员通过设置关键词的匹配模式，可以指定用户搜索关键词与推广关键词之间的关系。"百度营销"的关键词匹配模式可以分为3种：精确匹配、短语匹配和广泛匹配。

1. 精确匹配

精确匹配就是只有当用户的搜索词与推广的关键词完全一致

扫码看视频

时，系统才会展示推广结果，用于精确、严格的匹配限制。以关键词"Excel函数培训"为例，在精确匹配模式下，能够触发推广结果的搜索词只有"Excel函数培训"，而"Excel图表""Excel数据透视表"等相近的搜索词都不能触发企业的推广信息。

2. 短语匹配

短语匹配是介于精确匹配和广泛匹配之间的一种匹配模式，它既没有精确匹配那么严格，也没有广泛匹配那样广泛。

短语匹配提供了3种匹配选择，分别是短语—精确包含、短语—同义包含和短语—核心包含。

（1）短语—精确包含

短语—精确包含是指当用户的搜索词完全包含推广关键词时，系统才有可能自动展现推广结果。

以关键词"Excel培训"为例，在短语—精确包含匹配模式下，可能触发推广结果的搜索词为"神龙Excel培训""Excel培训教程""Excel培训视频"等，而"Excel图表培训"和"Excel函数培训"等类似关键词不能触发推广结果。

（2）短语—同义包含

短语—同义包含是指当用户搜索词完全包含推广关键词及关键词的插入、颠倒和同义形态时，系统才有可能自动展现推广结果。

以关键词"Excel培训"为例，在短语—同义包含匹配模式下，可能触发推广结果的搜索词为"Excel函数培训""Excel图表培训""神龙Excel培训""Excel培训教程""Excel培训视频"等，而"神龙Excel微课视频"和"PS培训"等类似关键词不能触发推广结果。

（3）短语—核心包含

短语—核心包含是指当用户搜索词包含推广关键词或关键词的核心部分，或者包含关键词或关键词核心部分的插入、颠倒和同义形态时，系统才有可能自动展现推广结果。

以关键词"Excel培训"为例，在短语—核心包含匹配模式下，可能触发推广结果的搜索词为"Excel函数培训""Excel微课视频""神龙Excel培训""Excel培训教程"等，而"函数教程"和"数据透视表教程"等类似关键词不能触发推广结果。

提示

短语—同义包含匹配包含的范围要比短语—精确包含匹配包含的范围广泛一些，通常企业选择短语—同义包含匹配带来的流量也会比选择短语—精确包含匹配的多一些。短语—核心包含匹配的范围则比短语—精确包含匹配和短语—同义包含匹配的范围都广。

3. 广泛匹配

广泛匹配是指当用户搜索词与推广关键词高度相关时，即使企业并未提交这些关键词，推广结果也可能获得展现机会。在广泛匹配模式下，可能触发推广的结果包括：同义相近词、相关词、变体形式、完全包含关键词的短语。

以关键词"Excel培训"为例，在广泛匹配模式下，可能触发推广结果的搜索词为"Excel函数培训""神龙Excel培训""Excel培训教程""Office培训"等。

9.1.4　否定关键词的设置

1. 否定关键词概述

否定关键词类似于一种短语匹配，当且仅当用户的搜索词中完全包含推广设定的否定关键词时，推广结果将不会展现。

以某Excel培训机构为例，当推广人员设置"数组函数"为否定关键词时，用户的搜索词"Excel函数培训""Excel中不可不知的数组公式"都可能触发推广结果，但是"Excel数组函数""Excel中不可不知的数组函数"则不能触发推广结果。

扫码看视频

2. 添加否定关键词

在搜索推广的推广管理中，计划层级与单元层级的功能中都可以设置否定关键词。下面以在推广计划中添加否定关键词为例，介绍否定关键词的添加方法。

【案例解析】在推广计划中添加否定关键词

`01` 在"百度营销"搜索推广页面，通过左侧的导航栏窗格，切换到【计划】选项卡，单击计划对应的否定关键词列的【未设置】按钮，如图9-10所示。

图9-10　搜索推广页面

`02` 打开否定关键词添加页面，单击【+否定关键词】按钮，如图9-11所示。

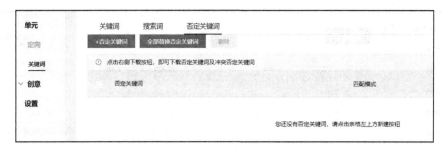

图9-11　否定关键词添加页面

03　在打开的页面中，先选择一种否定关键词的匹配方式，此处选择【精确否定关键词】，然后在【精确否定关键词】列表中输入否定关键词，此处输入"数组函数"，如图9-12所示。

图9-12　添加否定关键词

04　设置完毕后单击【确定】按钮，即可完成否定关键词的添加，如图9-13所示，再次返回搜索推广页面，可以看到推广计划"图书"对应的否定关键词显示："精确：1"，表示这个推广计划有一个精确否定关键词，如图9-14所示。

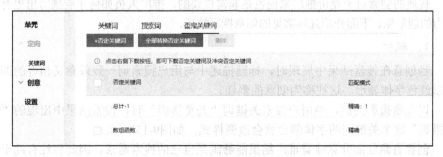

图9-13　否定关键词列表

图9-14　推广计划显示有一个精确否定关键词

9.2　竞价广告词的创意设置

在竞价推广过程中，推广人员可以通过关键词定位目标人群，再通过创意来吸引目标人群，一条新颖独特的创意更容易让推广结果在众多搜索结果中脱颖而出，吸引目标人群点击，进而产生转化行为。

扫码看视频

9.2.1　创意撰写的原则

为了使用户拥有更好的搜索体验，使企业获得更好的推广效果，推广人员在进行创意撰写时，还需要遵循一定的原则。

- 创意需要简明精练，言简意赅。
- 创意需要体现所在推广单元的主题（围绕该单元核心关键词进行撰写）。
- 强调提供的产品/服务的优势、独特性、专业性。
- 撰写符合相关标准（合法性、字符长度、特殊标点等）。

9.2.2　创意撰写的技巧

优质的创意对于竞价推广来说也是非常重要的，推广人员如何才能撰写出更有吸引力的创意呢？下面介绍几种常见的创意撰写技巧。

1. 飘红

当创意在搜索结果中展现时，标题描述中与用户搜索词一致或意义相近的部分会以红色字体显示，这被称为创意的飘红。

以儿童摄影为例，当用户搜索关键词"儿童摄影"时，搜索结果中出现的"儿童摄影"这个关键词的字体颜色就会改变样式，如图9-15所示。

创意有飘红部分意味着推广结果能够满足自己的搜索需求，因此飘红有助于吸引用户的视线与关注，从而提高潜在客户对该网站的点击率。

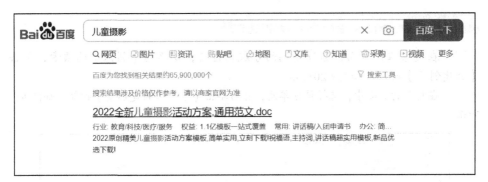

图9-15　创意飘红

2. 相关

相关就是要增强用户搜索词、关键词和创意之间的相关性，也就是说，创意要围绕关键词撰写，并和产品/服务紧密相关。例如，图9-16和图9-17所示为关于关键词"订酒店"的两条创意。显然，图9-16所示的创意明显优于图9-17所示的创意，因为图9-17中的关键词为"订酒店"，创意却没有围绕"订酒店"撰写，而是描述网站的定位，显然这样的创意与关键词的相关性不密切，难以满足用户需求，被点击的概率相对较小，容易使潜在客户流失。

图9-16　密切相关的创意 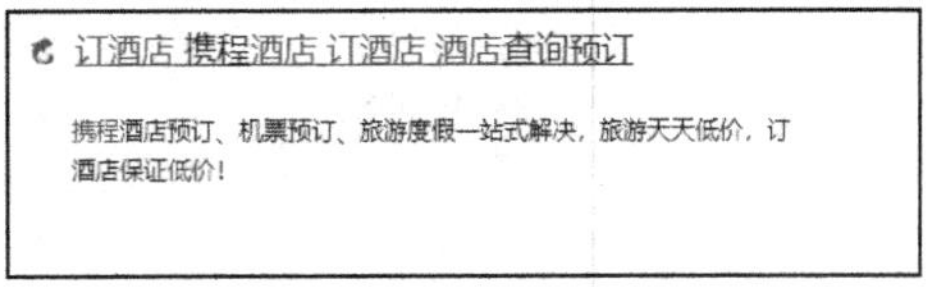　　　　图9-17　不密切相关的创意

推广人员在撰写创意时，一定要紧紧围绕关键词来进行针对性的描述，这样才能保证关键词和创意的相关性。

3. 通顺

所谓通顺，是指创意要语句通顺、符合逻辑。不通顺的创意会增加用户的理解成本，很容易失去用户的关注。

例如，图9-18和图9-19所示为关键词"财务Excel培训"的两个搜索结果，这两条创意同时出现，通常图9-18更容易吸引用户点击。因为图9-19的创意中关键词"财务Excel培训"出现了多次，明显造成了语句的不通顺，容易给用户带来阅读干扰。

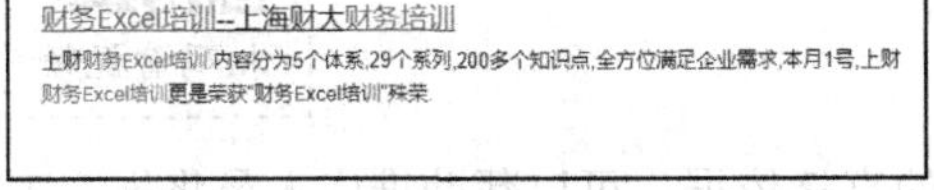

图9-18　语句通顺的创意 　　　　图9-19　语句不通顺的创意

【案例解析】在推广计划中添加创意

01 在搜索推广页面，通过左侧的导航栏窗格，切换到【创意】选项卡，单击【新建创意】按钮，如图9-20所示。

02 在打开的页面中，选择计划单元，然后单击【下一步新建创意】按钮，如图9-21所示。

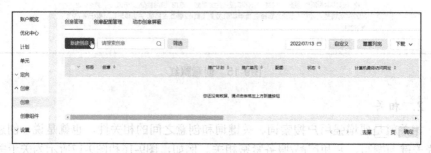

图9-20 搜索推广页面

图9-21 选择计划单元

03 接下来按照提示进行创意的其他设置即可，如创意的标题、描述和网址等。

9.3 账户数据分析与优化

为了保证竞价推广的效果，在竞价推广的过程中，推广人员还需要不断地进行账户数据分析与优化。账户数据分析与优化的目的其实很简单，就是发现问题、解决问题。

9.3.1 账户数据分析

账户数据分析是进行账户调整和优化的直接依据，可以帮助推广人员将推广工作做得更好，有效提高转化率，进而达到为企业增加效益的目的。

1. 账户数据分析的指标

搜索推广效果转化可以看作一个5层漏斗，从上到下分别为展现量、点击量、访问量、咨询量和订单量，如图9-22所示。

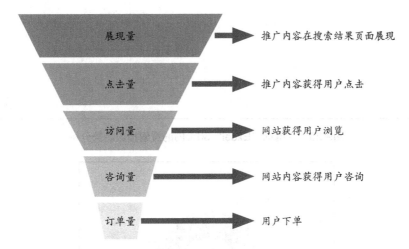

图9-22　推广效果转化漏斗

由图9-22所示的推广效果转化漏斗可以看出，推广账户数据分析的主要指标有展现量、点击量、访问量、咨询量和订单量等，关于这些指标的介绍，在第1章已经讲解过，此处不再赘述。

2. 账户数据分析的常用方法

账户数据分析的思路主要是从整体到局部，然后再通过细节分析找出问题，进而采取对应的方式进行调整，大概分为3个步骤，即分析整体情况、分析细节变化和优化调整。下面介绍几种常用的账户数据分析方法。

（1）趋势分析法

趋势分析法，又称为比较分析法，主要通过数据连续的相同指标或比率进行定基对比或环比对比，找到数据的变动方向、数额及幅度，从整体上把握数据的发展趋势。主要的分析维度有：时段趋势、逐日趋势、逐周趋势、逐月趋势、逐季节趋势等。

这个分析方法比较简单，一般通过百度指数、百度统计就能掌握本行业的趋势，企业根据本行业的实际情况，针对不同时间的趋势进行广告策略调整即可。例如，图9-23所示为关键词"Excel"30天内的搜索指数趋势分析。

（2）比重分析法

比重分析法是指对相同事物进行归纳，分成若干项目，计算各组成部分在总数中所占的比重，分析部分与总数比例关系的一种方法。该方法有利于推广人员快速掌握企业的核心推广业务、主要推广渠道、主要推广地域等。例如，图9-24所示为某企业的推广地域分析。

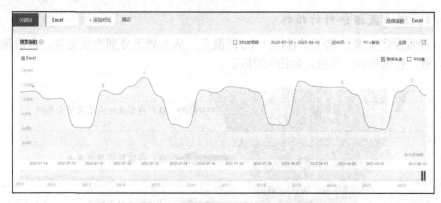

图9-23 关键词"Excel"30天内的搜索指数趋势分析

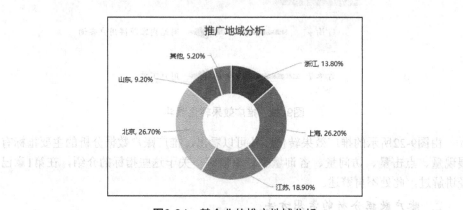

图9-24 某企业的推广地域分析

（3）TOP-N分析法

TOP-N分析法是指基于数据的前N名汇总，与其余汇总数据进行对比，从而得到主要的数据所占的比例和推广效果。

TOP-N分析法类似二八原则，一方面可以找到消费或转化占比80%的数据，有效帮助定位问题，避免过多的数据把问题复杂化；另一方面可以定位需要持续关注消费或转化的重要关键词。

（4）四象限分析法

四象限分析法，也称为矩阵分析方法，是指利用消费和转化两个参考指标，把杂乱无章的数据切割成4个部分，然后对每一个部分的数据进行针对性分析，如图9-25所示。

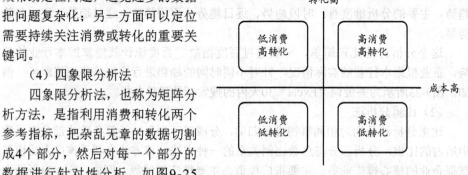

图9-25 四象限分析法

9.3.2　账户优化的基本思路

虽然账户优化没有固定模式，一般都会根据企业的实际情况来确定，但掌握逻辑性的优化思路仍会帮助推广人员更好地处理账户问题，因此，推广人员需要了解账户优化的基本思路。

账户优化的基本思路通常可以分为4个部分，即优化前准备、检查账户、找出优化重点和执行解决方案，如图9-26所示。

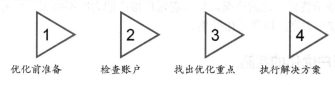

图9-26　账户优化的基本思路

1．优化前准备

优化前准备主要是根据企业实际情况分析、明确推广目标，充分了解受众及市场情况。

企业推广的营销目标通常可以分为品牌导向目标和效果导向目标两种类型。其中，品牌导向目标以提升企业品牌形象及美誉度为主，目的是获得更多有效曝光；而效果导向目标以访问转化效果为主，目的是获得更多的用户注册、下单等。

2．检查账户

只有全面了解账户基本情况，才能对账户进行彻底检查。检查账户一般包括检查账户结构及设置的合理性和整体数据指标趋势两个方面。

（1）账户结构及设置的合理性

检查账户首先要查看账户结构及账户设置是否合理。账户结构方面，就是对账户的推广计划、推广单元、关键词及创意等各层级进行检查，查看账户各个推广单元的创意和关键词的相关性，以及是否按照"意义相近、结构相同"的原则将关键词放在同一个推广单元里。

另外，账户的相关设置，如预算设置、投放地域、推广时段等也需要检查。此外，还要查看账户是否存在预算费用不足、投放地域限制太多及推广时间太短等问题。

（2）整体数据指标趋势

账户数据不仅可以反映当下的推广结果，还可以帮助推广人员从整体上把握账户推广的整体数据指标的趋势。

3．找出优化重点

检查账户不仅是为了了解账户推广情况，更是为了发现账户存在的问题和不足。检查账户时可以采用四象限分析法，将成本和转化分别作为横轴和纵轴，将账户推广情况分为4种情况，即高消费低转化、高消费高转化、低消费高转化和低消费低转化。然后，再将企业账户推广真实情况对号入座，找出账户优化的重点。

4. 执行解决方案

这是指针对不同的问题和优化重点，制定并执行相应的账户优化方案。

（1）对于高消费低转化的情况，账户优化策略是降低成本，提高转化效果。

（2）对于高消费高转化的情况，账户优化的重点是降低成本。

（3）低消费高转化是理想的推广状态，即用最小的付出获取最大的回报，也是企业最希望的推广结果，对于这种推广情况，应该继续保持下去。

（4）对低消费低转化的情况，意味着账户推广的力度不够大。此时账户优化的重点是加大推广力度，提高转化效果。

9.3.3 账户优化的实施

有效的账户优化可以提高关键词的质量，使企业以更低的点击价格获得更优的排名，从而降低整体的推广费用，提高推广的投资回报率。账户优化，可以从以下7个方面进行。

1. 优化账户结构

账户结构是控制流量的工具，是所有优化操作的基础。合理的账户结构可以帮助推广人员更好地控制流量。

企业可从推广目标出发，根据不同的推广目标制订不同的推广计划，并将意义相近、结构相同的关键词划分到同一推广单元中，针对关键词撰写创意，并控制每个推广单元中关键词的数量，以保证这些关键词与创意之间具有较高的相关性。

2. 优化创意标题、描述

创意撰写时要确保语句通顺、意义完整。高质量的创意，一方面可以吸引用户关注，提高点击率；另一方面也有利于增强搜索词、关键词与创意的相关性，从而提升质量。优化创意的一个重要方法就是在创意中插入通配符来获得更多的飘红，我们可以通过创意报告来对比、评估创意的吸引力，并不断优化。

3. 选择合适的访问URL和显示URL

访问URL的选择应根据关键词和创意的不同而不同，为保证推广效果，建议将用户直接带至包含推广结果中所提供信息的网页。对于显示URL，一般情况下，建议推广人员直接使用完整的域名，这在增强用户信任感的同时，也便于用户记忆，可加深用户对推广网站的印象。另外，通过改变显示URL的表现形式（如首字母大写等）吸引用户的关注。

4. 挖掘长尾关键词

用户在使用搜索词时，其搜索需求可能是多种多样的。一般地，长尾关键词能表达更精准的需求。大量挖掘更具体、商业意图更明显的长尾关键词，往往能够为企业带来更多的优质潜在客户。

5. 优化匹配方式

在账户优化的过程中，通常建议推广人员采用"由宽到窄"的策略来选择匹配方式，即将新提交的关键词尽量设为广泛匹配，然后观察一段时间。在此期间，推广人员可以通过搜索词来查看关键词匹配到了哪些搜索词。如果发现匹配了不相关的关键词，且这些关键词不能带来转化，就可以将这些不相关的关键词添加为否定关键词来优化匹配结果。如果搜索词报告表现仍然不理想，推广人员可以使用更具体、商业意图更明显的关键词，或者尝试使用短语匹配或精确匹配。

6．调整出价

推广人员根据关键词的投放效果和预算情况，对推广单元或关键词的出价进行调整。

7．优化推广设置

推广人员根据后台数据报告和其他统计报告，对现行的推广方案进行分析，在评估效果、衡量投入产出比的基础上，结合推广下线时间，定期对每日预算、投放地域、投放时间等进行调整。例如，通过分析地域报告来评估在各推广地域的投资回报率，对推广效果较好的地域可以增加预算，重点投放。

拓展阅读：SEM 竞价的竞争对手分析

SEM竞价推广是一种高效、直接、有效的推广方式，因此，很多企业都选择了SEM竞价推广。但是在实际操作过程中，企业往往由于相关人才以及技术的缺失，不知道如何管理SEM竞价账户，从而导致花费很多广告费用，却没有咨询、没有订单。此时，竞价托管服务应运而生。很多第三方服务商针对性地提供了SEM竞价推广、竞价托管、SEM账户托管、SEM代运营、SEM外包等服务，能够帮助企业管理竞价账户，做好竞价推广。

思考与练习

一、填空题

1．竞价广告通常是以_____的形式展现推广效果的。

2．"百度营销"的关键词匹配方式可以分为_____、_____和_____3种。

3．账户优化的基本思路通常可以分为_____、_____、_____和_____4个部分。

二、判断题

1．企业确定核心关键词时，只需要考虑企业需求，与推广平台没有关系。（　　）

2．趋势分析法，又称为比较分析方法，主要通过数据连续的相同指标或比率进行定基对比或环比对比，找到数据的变动方向、数额及幅度，从整体上把握数据的发展趋势。（　　）

3．为了使广告创意中出现尽可能多的飘红，我们可以使用关键词重复出现的方式。（　　）

三、单项选择题

1. 下列选项中，不属于关键词的匹配模式的是（　　）。

  A. 精确匹配   B. 模糊匹配   C. 短语匹配   D. 广泛匹配

2. 下列选项中，不属于常用账户数据分析的方法的是（　　）。

  A. 趋势分析法   B. TOP-N 分析法

  C. 四象限分析法   D. 漏斗分析法

3. 下列选项中，不属于创意撰写的技巧的是（　　）。

  A. 飘红   B. 相关   C. 重复   D. 通顺

四、简答题

1. 简要介绍百度营销的关键词匹配方式。

2. 简述创意撰写的原则。

3. 画出竞价推广效果的漏斗图。

任务实训

任务实训1

实训目的	
锻炼读者撰写创意广告词的能力	

实训内容	
为某饮料撰写一个创意广告词	

实训步骤	
序号	内容
1	分析某饮料的关键词
2	按照创意撰写的原则和技巧撰写一段创意广告

任务实训2

实训目的	
让读者学会收集数据、分析数据	

实训内容	
对×××账户进行数据分析	

实训步骤	
序号	内容
1	通过一些统计工具收集×××账户的数据
2	对收集到的数据进行数据分析

第10章

SEO/SEM综合案例实战

技能目标

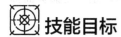

√ 掌握SEO技能。
√ 掌握SEM技能。

素养课堂

10.1 电子商务网站SEO

电子商务是现代商业发展的趋势，企业网站做电子商务，不可避免地需要SEO服务，本节就来介绍一下电子商务网站的SEO。

扫码看视频

10.1.1 电子商务SEO概述

电子商务依靠网络来进行交易，而通过SEO提高搜索引擎排名，可以帮助电子商务主体得到更好地营销推广，找到更多的客户，实现销售目的，因此，电子商务和SEO也是密切相关的，二者相辅相成。

10.1.2 影响商品排名的因素

电子商务行业竞争激烈，想要收获更多的订单就得让商品拥有好的排名。那么，影响电子商务网站商品排名的重要因素有哪些呢？

1. 导航链接

导航链接是以文本的形式显示网站导航菜单中的商品和分类的，为了优化电子商务平台店铺的搜索引擎，最好保持导航链接独立控制。

2. 页面网址

页面网址就是页面所在的位置，展示在浏览器地址栏中。网址优化可以大大提高页面的排名。因此，想要做好电子商务网页的优化，就必须保持页面网址的独立控制。

在电子商务平台网站上，经常会出现一个商品有多个SKU的情况。例如，不同颜色的商品，使用同一个标题、不同的商品参数页面，这就造成了多个标题页面重复，对关键词的排名很不利。因此，在对电子商务网站进行优化时，应该做到以下几点。

① 生成不同的独立页面，包含独立的标题、独立的内容。

② 统一URL，确保一个页面只有一个聚合的标题，如手持风扇（白色、蓝色、绿色）款。

3．页面标题

标题是商品页面中非常重要的一部分，通常建议推广人员为页面取一个关联性较强的页面标题，标题中最好包含一个搜索关键词。

4．元标签描述

元标签的主要目的是提供搜索列表中网页内容的概述，它对搜索访客是否点击链接有非常重要的影响。电子商务网站中有效的元标签描述应该区别于商品页面描述，推广人员需要为元标签添加搜索关键词和独特描述。

5．图像Alt属性

Alt属性就是网站上图片的文字提示，方便用户由于某些原因无法查看图像时，也能及时了解到图片信息。它直接影响商品图像在图片搜索中的排名。因此，推广人员应该为电子商务网站提供添加Alt属性的功能，并能更改Alt属性的选项。

10.1.3　商品标题的优化

商品标题是消费者查找商品的一个重要途径，消费者大多数都是通过搜索、推荐去选购商品的，当消费者搜索时，如果商品标题中没有涵盖搜索关键词，商品页面就无法出现在搜索结果中，自然就会失去曝光的机会。

为了更好地进行商品标题的优化，可以掌握以下几个技巧。

1．找准关键词

商品标题通常都是由各种不同的关键词组合而成的，所以关键词的选取对于商品标题的优化至关重要。

首先，想要对商品标题进行优化，商家对这个商品一定要非常了解，否则，设置商品的标题时很容易抓不住重点，引流就更无从谈起了。

其次，从消费者的角度考虑问题。消费者想要购买商品通常会先在搜索文本框中搜索关键词，只有当标题中的关键词也包含在商品标题中时，商品信息才会展现，所以精准的关键词是必不可少的。

最后，关键词要有竞争力。电子商务平台上的同款竞争商品是非常多的，如果关键词没有竞争力，排名靠后，那么商品的展现效果肯定是不佳的。所以关键词选择一定要精准、有竞争力。

2．核心关键词前置

标题中要主推的核心关键词，尽量放在靠前的位置展示，这样能更快地被搜索到。

3．组合关键词

对于一些规模不大的商家来说，在常见核心关键词这点上很难竞争过那些规模大的商家，此时，商家可以换一个思路，为核心关键词添加前缀词或后缀词，形成一个新的搜索率高、竞争压力较小的核心关键词，避开大商家之间的大词竞争，从而获得更多的展现量和流量。

4．添加人群词和属性词

在标题中可以添加适合商品目标人群的词，如服装，就可以适当添加一些描述年龄、特征的关键词，如职场女性，添加这些词后可以更精准地定位目标人群，从而收获更多的个性化流量。

另外，标题中还可以添加一些描述商品属性的关键词，进一步减小竞争压力，提高商品的精准流量占比和转化率。

10.1.4　商品上下架时间的优化

优化好商品的上下架时间，可以有效避开行业同质化竞争。上下架时间只要安排得合理，就可以获得不少的免费流量，从而实现商品上下架精准卡位，避开竞争对手，获取更多的流量。

下面以淘宝为例介绍淘宝商品上下架时间是如何优化的。要对淘宝商品的上下架时间进行优化，首先我们需要商品排名排布的规则，这样才能更好地设置商品的上下架时间。

1．商品排名、排布的规则

（1）淘宝商品的综合排名通常与商品的剩余下架时间成正相关的关系，也就是说，越接近下架的商品，排名越靠前；

（2）一般情况下，一个页面中同款商品不会超过4个，同一个店铺的商品不超过两个；

（3）通常橱窗推荐商品的排名会比没有橱窗推荐商品的排名靠前。

2．商品上下架时间优化方法

（1）商品上下架的周期选择

商品上下架周期的选择通常可以根据淘宝用户的来访数据决定。例如，用户来访数据的变化周期为7天，那么我们就建议把商品上下架的周期设置成7天，因为周期越短，出现的高峰流量展示机会就越多。若将商品上下架的周期设置成7天，一个月内就可以有4次达到浏览排名靠前的机会，而如果将商品上下架设置成14天，一个月内就只有两次达到浏览排名靠前的机会。

（2）商品上下架时间段的选择

商品上下架时间段的选择也可以根据淘宝用户的来访数据决定，例如，数据显示淘宝用户的交易高峰期时间是在11:00到16:00，19:00到23:00，那么说明在这两段时间内浏览和网购下单的人数较多，商家最好在这两段时间前的1～2小时上架商品，这样操作可以保证7天或者14天的重复上下架带来最大的流量。

商家除了可以根据交易高峰期来选择商品上架时间外，还可以根据流量高峰期来选择，尽量将商品上架时间控制在流量高峰期之内。另外，需要特别注意的是，通常周六、周日和法定节假日全天都是流量高峰期。

（3）商品上下架合理分布

在对商品进行上下架时，不仅需要考虑周期和时间段，还需要考虑商品的排布，因为根据淘宝商品排布的规则，一个页面中同款商品一般不会超过4个，同一个店铺的商品一般不超过两个；因此，商家在进行商品上下架时，需要先确定店铺的重点商品，然后分析该商品的同款商品的行业数据，尽量避开同款商品的竞争高峰，结合同行业的用户来访时间段和商品的上下架时间段，确定合理的商品上下架时间。对于店铺的非重点商品，商家只需要将商品按照周期和时间段分散，并结合流量高峰合理布局即可。

（4）橱窗推荐位用在即将下架的商品上

很多淘宝商家都有这样的体会："商品太多了，但是橱窗位却只有那么一点，怎样上下架商品，才能获得更多的流量呢？"那就是把所有的橱窗推荐位都用在即将下架的商品上。安排合理的话，商家的橱窗推荐位就会产生明显的效果。

【案例解析】商品上架时间的合理安排

某淘宝化妆品店铺，总共有商品76个，怎样合理安排这些商品的上架时间？

假设店铺的流量高峰期有3个：11:00至12:00，14:00至16:00，20:00至22:00，总共5个小时。这里需要注意的是，通常周六、周日全天都是流量高峰，就不能按这5个小时计算，假设周末两天的流量高峰期是从早上9:00到23:00，总共14个小时。流量高峰期的时间计算方法如下：

周一至周五有5天：5×5=25（小时）

周六、周日2天：14×2=28（小时）

合计：25+28=53（小时）

也就是说，一周中有53个小时是淘宝流量的高峰期。

我们在一周中上架商品时，就可以这样计算分配频次：

（53×60）/76=40.3（分钟/个）

通过计算结果可以知道，当前店铺每40.3分钟上架一个商品最为合理。例如，高峰期为11:00至12:00，则11:10上架一个商品，11:50再上架一个商品……这样就可以保证每一个流量高峰期都有店铺的商品上架了。

10.2 计算机培训行业SEM分析

通过前面章节的学习，我们对SEM已经有了比较深的了解，本节我们以一个计算机培训行业SEM案例分析，进一步学习SEM的实际应用。

10.2.1 背景概述

××科技教育创立于2020年，是一家致力于计算机技术开发训练教育培训机构。

扫码看视频

10.2.2　项目分析

目前该公司以前端开发、后端开发、算法技术为主要研究方向，结合目前20～25岁学员占总生源的65%，竞价用户可以定位为20～25岁的学生或从业者。

本次竞价营销的主要目的：一是扩大招生，二是推广品牌，进行加盟招商的展示。

10.2.3　广告策略

1. 竞价模式策略

品牌模式：投入过大，以宣传品牌为目的（不适合目前阶段）。

关键词模式：投入小。若合理控制，可快速获得收益，是目前适合的模式。

2. 关键词定位策略

关键词的选择定位是决定竞价广告能否有效的关键因素。选择的关键词可以分为热词和长尾词两个部分。

热词可以选择前端开发、后端开发、算法技术，最多5个词语；长尾词可以根据学生或从业者特性组合50～100个，这部分内容至关重要，需要精准分析，如前端开发框架、Java从入门到精通、Python机器学习技术等。

3. 竞价关键词模式

竞价关键词模式选择精准匹配广告模式。

4. 预算方案

热词每次点击2～3元，预算每日500元。

10.2.4　效果评估

对推广效果进行评估，可以使用漏斗图辅助分析和评估，效果如图10-1所示。

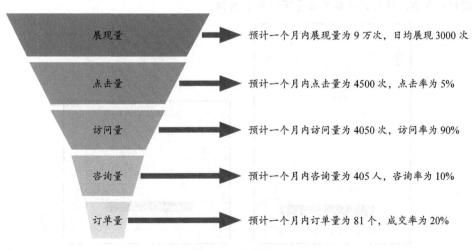

图10-1　效果评估

10.3 社交平台广告投放

我们可以利用社交平台流量大、对用户解读更深入的特点，制定营销策略，进行广告投放，实现营销的目的。

10.3.1 社交平台广告概述

社交平台广告是一种主动型的广告。平台知道用户是谁，也知道用户感兴趣的广告是什么，并且平台只会对用户展示用户感兴趣的广告，所以社交平台广告的推送机制就是根据用户的历史浏览行为和喜爱程度来推送相关内容。

目前国内社交平台广告包括腾讯广告、微博等平台。

扫码看视频

10.3.2 社交平台广告的开户

社交平台广告投放，首先要在社交平台注册账户。本节以腾讯广告为例，介绍社交平台广告的开户过程。具体操作步骤如下。

01 登录腾讯广告官网，单击首页右上角的【注册】按钮，如图10-2所示。

图10-2　腾讯广告官网

02 进入填写基本信息页面，按照提示填写基本信息，如图10-3所示，填写完毕后单击【下一步】按钮。

03 进入填写账号信息页面，输入QQ号或微信号，此处输入的是QQ号，如图10-4所示，填写完毕后单击【下一步】按钮。

图10-3　基本信息页面

图10-4　账号信息页面

04　进入QQ快捷登录页面，如图10-5所示。登录成功后，返回腾讯广告的登录您填写的QQ号/微信号页面，单击【确认关联QQ号】按钮，如图10-6所示，即可完成账号注册。注册成功后，系统弹出账号注册成功页面，如图10-7所示。

图10-5　QQ快捷登录页面　　　图10-6　确认关联QQ号　　图10-7　注册成功页面

10.3.3　社交平台广告的投放

扫码看视频

要进行社交平台广告的投放，首先要了解账户的整体结构。本节以腾讯广告为例进行介绍。

腾讯广告是腾讯公司的核心广告业务，承载了微信、QQ等领先社交平台，及其他精品应用广告，如图10-8所示，致力于帮助企业实现精准广告投放、多样用户互动、持续效果提升与衡量。

图10-8　腾讯广告的广告资源

腾讯广告的账户结构分为4个部分：推广计划、广告、广告创意和关键词，如图10-9所示。

图10-9　腾讯广告的账户结构

下面我们通过一个具体实例来了解社交平台广告的投放。

【案例解析】微信朋友圈广告的投放

1. 案例背景

××儿童摄影机构成立于2010年，目前有3家分店，曾获得多项摄影协会认可的权威技术认证，专注于儿童摄影，拥有2000m²独栋影楼。

2. 营销痛点

虽然××儿童摄影机构无论在人员、技术还是硬件设施上，对比其他儿童摄影机构都具有显著优势，但近年来其也面临着如下压力。

① 行业竞争压力大：除了专业儿童摄影机构外，许多连锁的婚纱摄影机构也纷纷开设儿童摄影业务，市场竞争十分激烈。

② 传统传播渠道效果有限：传统推广手段无法与用户第一时间建立联系，无法及时获得客户反馈，因此难以有效获客。此外，传统地推活动宣传力度有限，且投入成本较高。

③ 受众消费方式改变：人们的消费习惯逐渐由线下转移至线上。

3. 营销目标

该机构计划进行微信朋友圈广告投放，通过"热点营销+常规投放"两步走营销战略，迅速增强品牌影响力，获得高曝光，进一步吸引客户进店消费。

4. 投放方案

（1）热点营销

中秋节和国庆节双节临近，该机构可以趁着节日热度投放微信朋友圈广告，宣传限时、限量体验的优惠商品套系，吸引目标客户进店。

① "双节"推广的形式上，可以采用"图文+预约"的广告形式，围绕中秋节和国庆节的双重热点，促使客户点击；视觉上，以爱国场景、自然柔和的装饰、漂亮可爱的萌娃，展现摄影团队的软实力以及专属场景的硬实力，树立品牌专业的形象。

② 广告内页上，采用原生推广页的形式，引导客户跳转至预约落地页，相关文案"承诺绝无隐性消费"等也可以进一步吸引客户填写预约表单。

妈妈通常是儿童摄影消费的主力军，为了提高进店转化率，广告主要覆盖年龄24~40岁、已婚已育的女性人群。

（2）常规投放

除了节日热点营销外，为了获得品牌的持续曝光及稳定的客流，双节过后，该机构可以定期进行微信朋友圈广告投放，单次投放周期为一周左右。常规投放广告时，可以将在前期推广中获得广泛认知与好评的摄影商品，设定为主力推广商品。而且每次投放广告时，都需要根据经验及以往投放效果，对素材和定向进行优化，以获得最大化的广告效果。

10.3.4　社交平台广告数据与效果分析

社交平台广告投放之后，我们还需要对在推广过程中汇总的数据进行分析，同时根据推广效果不断地调整广告方案，提高推广效果。

【案例解析】微信朋友圈广告投放的数据与效果分析

热点营销时，是以每日2000元的竞价方式进行的。该机构在10天的时间内总曝光量达到了25万次，原生推广页查看量超4200次，各项数据均超出预期。此次推广期间线上预约120人，实际到店86人，成功下单50人，客户咨询成本约为173元/人，远远低于之前使用其他推广渠道的300元/人的平均成本。

双节过后，该机构考虑活动期间已经积累了一定的潜在客户，选择了"再营销"，投放至已关注其公众号以及曾对双节广告感兴趣的人群，进一步促使这部分高意向潜在客户到店消费。此次广告投放期间预约人数43人左右，实际到店36人，成功下单26人，以不到1万元的成本实现了非常可观的销售转化。

思考与练习

一、填空题

1．导航链接是以_____的形式显示网站导航菜单中的商品和分类的。

2．_____的主要目的是提供搜索列表中网页内容的概述。

3．腾讯广告的账户结构分为4个部分：_____、_____、_____和_____。

二、判断题

1．在电子商务平台网站，从SEO的角度出发，是允许出现一个商品有多个SKU的情况的。（　　　）

2．越临近下架时间，商品的权重越高，排名越靠前。（　　　）

3．社交平台广告是一种主动型的广告。（　　　）

三、单项选择题

1．下列选项中，关于电子商务网站SEO说法错误的是（　　　）。

　　A．必须保持页面网址的独立控制

　　B．一个商品有多个SKU

　　C．店铺商品上下架时间要错开

　　D．越临近下架时间，商品的权重越高，排名越靠前

2．下列选项中，关于商品的上下架时间和权重说法正确的是（　　　）。

　　A．商品甲要在11:00下架，那么在11点之前的这个时间段，商品甲的权重是最高的

　　B．商品甲要在11:00下架，那么在10点之前的这个时间段，商品甲的权重是最高的

C. 商品甲要在11:00下架，那么在11点之后的这个时间段，商品甲的权重是最高的

D. 商品甲要在11:00下架，那么在10点之后的这个时间段，商品甲的权重是最高的

3. 下列选项中，关于社交广告说法错误的是（　　　）。

A. 社交广告是一种主动型的广告，平台知道用户是谁，也知道用户感兴趣的广告是什么

B. 社交广告的推送机制就是根据用户的历史浏览行为和喜爱程度来推送相关内容

C. 注册腾讯广告账户需要关联QQ或微信

D. 腾讯广告只能以企业的身份注册，不能以个人身份注册

四、简答题

1. 影响电子商务网站商品排名的重要因素有哪些？

2. 商品标题的优化的技巧有哪些？

3. 简述商品上下架的周期的选择及选择的原因。